知识产权刑事案例
解析与实务精要

厦门市思明区人民检察院 ｜ 编
厦门大学知识产权研究院

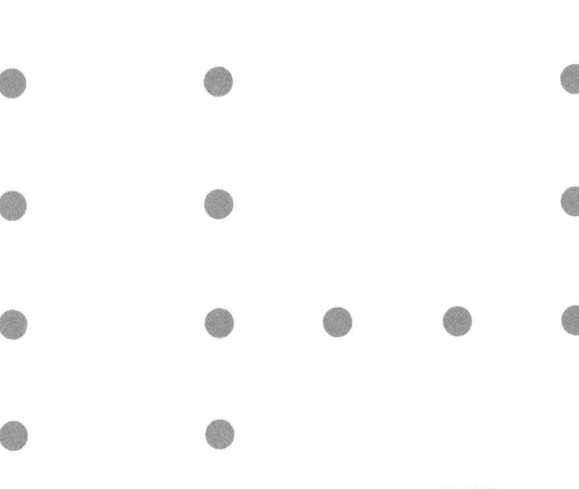

厦门大学出版社　国家一级出版社
XIAMEN UNIVERSITY PRESS　全国百佳图书出版单位

图书在版编目（CIP）数据

知识产权刑事案例解析与实务精要 / 厦门市思明区人民检察院，厦门大学知识产权研究院编. -- 厦门 ：厦门大学出版社，2025.4. -- ISBN 978-7-5615-9700-2

Ⅰ. D924.334

中国国家版本馆 CIP 数据核字第 2025JD6868 号

责任编辑　李　宁
美术编辑　李夏凌
技术编辑　许克华

出版发行　厦门大学出版社
社　　址　厦门市软件园二期望海路 39 号
邮政编码　361008
总　　机　0592-2181111　0592-2181406（传真）
营销中心　0592-2184458　0592-2181365
网　　址　http://www.xmupress.com
邮　　箱　xmup@xmupress.com
印　　刷　厦门市明亮彩印有限公司

开本　720 mm×1 020 mm　1/16
印张　11.25
字数　175 千字
版次　2025 年 4 月第 1 版
印次　2025 年 4 月第 1 次印刷
定价　88.00 元

本书如有印装质量问题请直接寄承印厂调换

厦门大学出版社
微信二维码

厦门大学出版社
微博二维码

编委会

主　任：郑祥发　林秀芹
副主任：王　珏　董慧娟
编　委：吴雅莹　陈　明　邱晨帆　高仰虹
　　　　　江羽佳　林　璐　罗立国　王　俊
　　　　　李　晶　杨正宇

序 一

近年来，全国检察机关不断探索知识产权刑事、民事、行政、公益诉讼检察综合履职办案模式，取得丰富的实践成果。习近平总书记指出："创新是引领发展的第一动力，保护知识产权就是保护创新。"新时代的知识产权检察工作，需要坚持以习近平新时代中国特色社会主义思想为指导，全面贯彻习近平法治思想，积极推进知识产权强国建设，服务保障创新驱动发展。

2011年以来，厦门市思明区人民检察院集中管辖厦门市涉知识产权刑事一审案件，至今已走过十四年的历程。在此期间，探索实现诸多"第一"：首创跨区域、跨部门、跨层级的"知识产权协同保护中心"；全省率先组建知识产权检察办公室，实现知识产权综合履职；全省率先探索知识产权"严重违法失信名单管理"衔接机制；全省首创知识产权"退赔挽损诉前和解"协同机制等。

日就月将，十年有成。厦门市思明区人民检察院以专业化人才团队、专业化履职模式，实现对知识产权专业化集中保护。办理的案件连续多年获评最高人民检察院"知识产权检察十大案事例"、中国外商投资企业协会优质品牌保护委员会"知识产权保护十佳案例"等国家级典型案例，涌现出国家级"知识产权保护工作成绩突出集体""知识产权保护工作成绩突出个人""首批全国检察机关知识产权检察人才库人才"等业务能手。

更令人欣慰的是，十余年间，构建知识产权保护体系已经从呼吁倡议扩大为举国共识，从美好愿景转化为丰富实践，从理念主张发展为制度落地。知识产权案件专业性强、涉及领域广、疑难程度高、法律争议多，对办案履职精准专业提出更高要求。"大鹏之动，非一羽之轻也；骐骥之速，非一足之力也。"提升知识产权检察保护能力需要进一步加强理论与实践的良性互动。

本书结合理论与实践,由厦门市思明区人民检察院与厦门大学知识产权研究院合作完成。先由一线检察官凝结办案心血,总结司法经验,再请专家教授深度解析,引入理论之幽微。案例筛选上,坚持目标导向、问题导向,聚焦知识产权检察工作基础性理论和实践难题,秉持"不陈空文,不骛虚声"的理念,希望能为广大法律学习者、从业者带来一定的启发和帮助。鉴于篇幅有限,书中难免存在不周之处,求教于各位先进。

"滴水穿石,久久为功。"本书的出版,是厦门市思明区人民检察院在知识产权保护领域立足法律监督主责主业,脚踏实地、真抓实干、埋头苦干的一个注脚。知识产权保护的"文章"还要继续书写,坚持"三个善于"高质效办案,铢积寸累、继续努力,以尺寸之功,积千秋之利。

是为序。

郑祥发

2024年12月11日于曾村

序 二

　　法治是中国式现代化的重要保障,司法是守护公平正义的最后一道防线。这道防线的重要守护者之一是身负检察综合履职职能的检察机关。在知识产权领域,知识产权检察综合履职是非常关键的一环,关系着对创新的保护与对权益的维护能否最终落到实处。

　　2020年11月6日,为把党的十九届五中全会关于坚持创新驱动发展的精神落到实处,更好地服务保障创新型国家建设,最高人民检察院以内部综合办案组织形式组建知识产权检察办公室,整合刑事、民事、行政检察职能,推动形成检察办案、监督合力,统筹加强检察机关知识产权保护的制度设计和研究指导,加强知识产权全方位综合性司法保护,加强我国的知识产权检察工作。

　　近年来,福建省知识产权检察保护工作在全国一直处于前列。2011年起,厦门市涉知识产权一审刑事案件由思明区人民检察院集中管辖。该院检察官队伍强大、能力突出,拥有丰富的一线知识产权检察综合履职与诉讼监督工作经验,曾荣获"2023年度知识产权保护工作成绩突出集体"等多项国家级或省级荣誉。该院办理的多个案例入选全国典型案例和福建省典型案例。

　　案例是对既有案件审理经验的凝练与总结。作为重要的"法治产品",典型案例尤其能在全国范围内发挥重要引领与示范作用,破解知识产权案件所固有的复杂性难题。

　　2023年12月,厦门市思明区人民检察院与厦门大学知识产权研究院共同设立"知识产权检察理论研究中心",开展深度合作。本书是该中心一项重要的标志性学术成果,由思明区人民检察院多名检察实务专家和厦门大学知识产权研究院数位专任教师倾力合作而成。本书编委会精心遴选二十个极具典型意义的案例,包括若干国家级知识产权检察典型案例、福建省检察机关知识产权保护优秀案例等,涉及著作权、商标权、商业秘密等。

本书以案成篇,每篇典型案例皆由承办检察官撰写,主要由基本案情、诉讼过程、检察履职情况、典型意义、案例评析等部分构成。具而言之,对每个案例进行深度剖析,就办案思路与检察履职过程中的关键问题展开深入探讨,总结实践经验,凝练理论问题,探寻同类案件的解决之策;重点围绕厦门市思明区人民检察院在知识产权检察综合履职过程中的重要环节与问题,包括事实查证、证据收集与采信、法律理解与适用、刑罚裁量等。由此,本书清晰、完整地呈现思明区人民检察院知识产权检察综合履职的能力与水平。

本书的突出特点在于精选典型案例,研析深入到位,理论延伸适度。对检察综合履职过程经验的总结和对每个案例的深度解析,将为从事知识产权司法、行政执法和理论研究工作者提供重要参考。篇幅所限,难免有不周延之处,以本书求教于广大法官、检察官、学者及其他先进,以期赐教,共同精进!

林秀芹

2024 年 12 月 10 日于白城

目 录

1. 上海某资产管理有限公司、詹某等侵犯商业秘密案 …………… 1
2. 李某甲等三人侵犯著作权案 …………………………………… 8
3. 吴某某销售假冒注册商标的商品案 …………………………… 15
4. 任某某等六人侵犯商业秘密案 ………………………………… 22
5. 上海某科技有限公司、张某某假冒注册商标抗诉案 ………… 34
6. 龚某某生产、销售伪劣产品案 ………………………………… 42
7. 林某某侵犯商业秘密案 ………………………………………… 53
8. 沈某甲等二十人非法制造、销售非法制造的注册商标标识案 …… 64
9. 洪某某等十一人销售假冒注册商标的商品案 ………………… 71
10. 沈某某、黄某某侵犯商业秘密案 ……………………………… 77
11. 廖某甲等四人假冒注册商标、非法制造注册商标标识案 …… 90
12. 厦门某公司、于某某等销售假冒注册商标的商品案 ………… 99
13. 张某某、王某等十四人假冒注册商标、销售假冒注册商标的
    商品系列案件 ………………………………………………… 108
14. 张某某等十六人生产、销售伪劣产品案 …………………… 115
15. 厦门某甲公司、厦门某乙公司、王某某、江某等假冒注册商标案 … 123
16. 邱某某销售假冒注册商标的商品案 ………………………… 131
17. 陈某某、顾某某假冒注册商标案 …………………………… 139
18. 陈某某侵犯商业秘密案 ……………………………………… 145
19. 吴某某、石某某销售假冒注册商标的商品案 ……………… 154
20. 蔡某甲等八人假冒注册商标、销售假冒注册商标的商品案 …… 163

1.上海某资产管理有限公司、詹某等侵犯商业秘密案*

【关键词】 不正当手段获取；以合理许可使用费确定损失数额

【要　旨】 检察机关在办理"不正当手段获取"型侵犯商业秘密犯罪案件时，通过积极引导侦查，及时全面固定涉案证据，精准指控认定被告人获取技术信息的不正当性。围绕"给权利人造成重大损失"认定难点多维度取证，审查论证评估许可使用费的"合理性"，确保认定损失数额客观公正，为精准打击该类犯罪提供借鉴参考。

【基本案情】

厦门某生物科技有限公司（以下简称某生物科技公司）系国家高新技术企业，主要从事合成生物学、绿色化学等领域的高新技术研发与应用，经自主研发形成工业自动化制备某天然级香料的工艺路线。公司对该生产工艺路线技术信息采取制定保密制度等一系列保密措施。廖某于2017年6月13日至2019年3月8日就职于该公司，负责采购设备的验收及资料整理，与公司签订有劳动合同及保密协议。

上海某资产管理有限公司主要从事化工领域的私募基金投资管理，为从事化工领域的实业公司提供投资咨询服务。詹某系该公司法定代表人，程某、吴某系公司行业分析研究员。2018年年底起，詹某为

---

* 本案获评最高人民检察院"2022年知识产权检察十大案事例"、2022年福建省检察机关知识产权保护优秀案例，入选最高人民检察院微信公众号"回眸五年奋斗路"专栏。

案件承办人、案例撰写人：王珏，系厦门市思明区人民检察院党组成员、副检察长。
本文评析人：李晶，系厦门大学知识产权研究院助理教授、硕士生导师，法学博士。

考察投资项目,指派程某、吴某与廖某见面接洽。2019年3月初,程某、吴某获悉廖某离职前从原任职公司获取大量技术资料,于是经双方商谈,廖某将其窃取的上述技术信息以存储于U盘等方式交给程某、吴某,后转交詹某,詹某分四次转账给廖某共计人民币8.2万元。经鉴定,该生物科技公司天然香料生产工艺技术信息属于"不为公众所知悉的技术信息"。廖某笔记本电脑及百度网盘、程某笔记本电脑中,均存在与上述"不为公众所知悉的技术信息"相对应的资料,大部分内容相同或实质相同。经评估,涉案商业秘密专有技术普通许可使用权评估值为人民币858.99万元。

【诉讼过程】

2019年5月16日,经权利人某生物科技公司报案,厦门市公安局海沧分局对廖某涉嫌侵犯商业秘密案立案侦查。2019年8月27日,该案移送审查起诉。2021年3月8日,思明区人民法院作出一审判决,支持检察机关指控的全部犯罪事实和法律适用,认定各被告人构成侵犯商业秘密罪,判处被告人廖某、詹某、程某、吴某四人二年至三年不等的有期徒刑,并处罚金共计三十六万元。判决后廖某等人提出上诉。二审阶段,厦门市人民检察院经审查认为,本案应认定为单位犯罪,建议发回重审。厦门市思明区人民检察院追诉单位犯罪,同时变更指控詹某、程某、吴某为单位直接负责的主管人员和其他直接责任人员,均获判决支持。判决后,被告人单位及廖某、詹某等人再次上诉。2022年4月22日,厦门市中级人民法院作出驳回上诉、维持原判的裁定。

【检察履职情况】

厦门市思明区人民检察院及时介入侦查,引导公安机关从犯罪嫌疑人笔记本电脑、网盘云设备及权利人办公系统、操作记录等处提取涉案电子数据,及时固定第一手客观证据,果断对提请批准逮捕的廖某、程某、吴某作出批准逮捕的决定。2019年8月27日,该案移送审查起诉。审查起诉阶段,厦门市思明区人民检察院围绕"损失数额"认定难点多维度取证:调取同类技术许可合同签订、实际履约情况;全面了解与设置许可使用条件密切相关的研发过程、产品利润、市场行情等基础信息;委托有资质的评估机构就涉案技术信息研发成本、许可使用费进行评估。经审查,厦门市思明区人民检察院以涉嫌侵犯商业秘密罪对被告人廖某、吴某、程某、詹某提起公诉。庭审阶段,被告人廖某及辩护人提出侵权手段系"违反约定、保密义务"型,故不能以许可使用费认定给权利人造成损失的辩解。对此,检察机关以廖某离职前一天还从公司大量下载技术资料至个人网盘入手,结合公司保密制度等证据,全面指控其获取行为的不正当性。

【典型意义】

一、全面引导侦查,及时固证止损

商业秘密是企业的核心竞争力,对企业发展至关重要。侵权人利用不正当手段获取的商业秘密尚未投产时,因犯罪行为具有极强的隐蔽性、易发生关键证据灭失的后果,非法披露商业秘密给权利人进一步造成损失的风险更是迫在眉睫。本案中,检察机关在发案的第一时间提前介入引导侦查,与侦查机关合力收集、固定极易发生灭失的电子数据等涉案证据,为成功指控犯罪夯实基础。经果断采取强制措施及敦促公安机关对同案犯上网追逃,有效防止因商业秘密继续泄露给权利人造成更大损失。

二、厘清侵权方式,精准认定"不正当手段获取"型

员工跳槽引发的侵犯商业秘密犯罪在实践中呈高发态势,在侵权产品尚未生产的情形下,以许可使用费认定损失数额的前提是侵权方式系"不正当手段获取"型。员工离职前因工作便利有条件接触涉案技术信息,是否意味着获取方式具有正当性?本案中,检察机关以电子数据+鉴定意见的形式精准指控被告人在离职前将涉案技术信息存储于个人网盘的犯罪事实,结合公司复制数据资料需经审批、办理离职手续时负有返还义务等保密制度,同时借鉴最高人民法院审理某侵犯商业秘密民事案例中认定"盗窃技术秘密侵权"的判决思路,成功指控该获取手段的不正当性,为以许可使用费确定损失数额奠定基础。

三、构建许可使用费的"合理性"模型,破解损失认定难题

在涉案技术的许可使用没有真实发生的情形下,评估机构只能通过

设置许可条件、对模拟发生的许可使用进行价值评估。认定评估价值合理与否因缺乏明确标准存在实践操作及法律认定困难。本案中,检察机关首先从研究商业秘密及反不正当竞争法原理入手,分析大量商业秘密民事案件审判案例,建构出对许可使用费合理性综合判断的模型。其次,对评估报告形式要件,以及许可年限、被许可方生产规模、许可方式、评估方法等实质要件进行全面审查。最后,辅以市场上相似技术许可转让费、涉案技术信息研发成本等相关数据的有力支撑,扎实论证该许可使用费的合理性。据此认定的损失数额获得两级法院、四次审判判决支持,为解决侵犯商业秘密犯罪案件中损失数额认定困难问题积累有益的司法实践经验。

【案例评析】

在"上海某资产管理有限公司、詹某等侵犯商业秘密案"中,检察机关面对复杂的商业秘密侵权行为,展示高度的专业性,尤其在行为定性、损失评估及证据采集等方面进行创新性的法律探索。此案的裁决不仅为商业秘密保护提供有力的法理依据,还为我国知识产权刑事司法保护在新时代背景下的推进和完善贡献实践指引。

一、精准界定"不正当手段获取",明确侵权行为法律定性

(一)厘清行为定性边界,精准认定不正当手段获取商业秘密

本案争议焦点在于被告行为的法律性质,即其行为是构成"违反约定、保密义务"型还是"通过不正当手段获取"型的商业秘密侵权。根据《中华人民共和国反不正当竞争法》(以下简称《反不正当竞争法》)和《中华人民共和国刑法》相关条款,商业秘密的刑事保护主要针对通过"盗窃、贿赂、欺诈、胁迫、电子侵入"等手段获取的信息,故行为定性的明确化至关重要。这一判定不仅决定着行为的违法程度,也直接影响检察机关是否适用刑事手段干预。在本案中,被告方试图将行为界定为"职务便利下的保密义务违反",认为其应归于民事纠纷范畴。然而,检察机关经过细致的证据分析,提供包括离职前大量下载技术资料的电子记录和公司保密制度等证据,同时借鉴最高人民法院审理某侵犯商业秘密民事案例中

认定"盗窃技术秘密侵权"的判决思路,证明被告行为已超越职务便利的合理边界,构成对商业秘密的非法获取,并依法提起刑事诉讼。这一界定反映检察机关对现有法律条文的精准适用,同时符合当前知识产权刑事保护的实践需求。

(二)明确保密协议的有限效力,依法追责严重侵犯商业秘密行为

检察机关基于两项主要法理依据来支撑其定性判断。首先,检察机关明确指出职务便利下的"正当接触"并不等于"无条件转让或复制"。在商业秘密案件中,员工因职务便利而获得的商业秘密信息具有明确的使用和保护边界,任何超越正常职务范围的获取和使用行为均可能构成"不正当获取"。本案中,被告离职前利用职务便利下载公司核心技术信息,并将其转让获利,超越正当接触的范围。

其次,检察机关阐明保密协议的效力有限性。在一般情况下,保密协议具有约束员工在职或离职后对商业秘密的合法使用,但对于以牟利为目的、情节严重的侵权行为,民事救济往往不足以制裁或遏制其危害性,故需引入刑事制裁手段。本案中的被告利用其职务便利以谋取个人利益,在职或离职前通过未经公司授权的手段下载并复制大量机密资料,检察机关认为该行为已经构成对商业秘密的非法获取,并且严重违反"职务正当接触"的法律界限,因此将其认定为"通过不正当手段获取"具有充分的法理依据。

二、创新引入许可使用费模型,科学量化商业秘密损失评估

(一)许可使用费模型的引入背景

本案中,检察机关创新性地引入"许可使用费合理性模型",在商业秘密案件中突破传统的损失认定方法。商业秘密的价值往往是潜在且难以量化的,特别是在侵权行为未直接导致经济收益减少的情况下,传统的损失评估方法往往难以充分体现企业实际遭受的损害。因此,检察机关根据被告人非法获取商业秘密的行为方式,模拟若无侵权行为时企业可能获得的许可收益,设定许可使用费合理性模型,这一模型填补商业秘密损失计算在实际操作中的盲点,为知识产权司法保护提供重要的理论支持。

(二)许可使用费模型的法理依据

在本案的损失评估过程中,许可使用费模型主要通过以下几项法理依据确立其合理性和适用性。

1.补偿原则:反映权利人潜在经济损失

本案中,检察机关通过调取同类技术许可合同和实际履约情况,结合企业在正常市场交易中的许可收益,使用许可使用费模型来评估权利人的潜在损失。这种做法基于《反不正当竞争法》的补偿原则,旨在弥补因被告非法获取商业秘密而导致的经济利益损失。由于商业秘密的价值难以通过传统市场价格衡量,检察机关模拟正常许可条件下的收益,以此作为计算损失的依据,确保权利人得到合理补偿。这种补偿原则的适用,使权利人在未实际遭受收入损失时,也能通过潜在收益的评估获得经济补偿,体现法律对权利人经济利益的全面保护。

2.市场价值评估原则:依据独占性与市场优势进行量化

本案涉及的商业秘密属于高新技术领域,其独占性使其在市场中具有重要的竞争优势。检察机关全面收集涉案技术的研发过程、产品利润和市场行情等信息,并委托专业评估机构对其市场价值进行独立评估。这一做法符合市场价值评估原则,即通过分析市场实际情况和许可使用条件,将商业秘密的独占属性和市场利益转换为经济价值。许可使用费模型的引入,将技术的独占性、许可年限、许可费用等因素纳入评估框架,确保对商业秘密价值的科学量化,避免传统方法中无法准确评估潜在市场收益的不足。

3.恢复性司法原则:模拟正常许可情境,恢复权利人经济地位

在本案中,侵权行为并未直接导致权利人企业的实际收入损失,而是潜在地削弱其市场竞争力和未来经济利益。检察机关采用许可使用费模型,模拟若无侵权行为时企业可能获得的正常许可收益,填补传统损失评估方法难以量化未来损失的空白。这一做法符合恢复性司法原则,旨在通过合理的损失计算,尽量恢复权利人在未受侵权时的经济状态。法院最终认可该模型的合理性,并采纳其作为损失评估依据,体现司法对权利人经济利益恢复的重视,也回应检察机关在保护知识产权案件中对公平与公正的追求。

本案在损失评估模型上实现司法创新,针对商业秘密案件传统损失计算难以量化的问题,许可使用费模型为司法实践中的经济损失认定提供科学而客观的量化工具,并响应最高人民检察院在《全面加强新时代知识产权检察工作的意见》中提出的"提升知识产权保护质效"目标,推动损失认定模型的规范化与标准化。

三、强化电子证据采集,构建完整证据链还原侵权事实

在证据采集方面,检察机关结合电子数据提取和公司保密制度,通过被告离职前下载公司核心技术资料等行为构建完整证据链。通过笔记本电脑、个人网盘等电子证据,检察机关得以还原被告人的侵权过程,为法院定罪提供充足依据。检察机关的技术取证手段不仅提高本案的证据质量,还为商业秘密案件的取证提供重要范式。特别是在数字时代,信息流动性增强,侵权行为隐蔽性提升,数字证据的合法有效采集成为知识产权保护中的重要一环。

本案的裁决通过严惩不正当手段获取行为,进一步明确商业秘密保护的高标准要求。作为知识产权检察保护的典型案例,本案在商业秘密保护、损失数额认定、行为定性及技术取证等多个方面树立司法标准,为企业职员在职务便利下的行为提供清晰的法律规范,也进一步推动商业秘密保护制度的完善。在我国知识产权保护逐步推进、数字经济迅速发展的背景下,本案展示检察机关在知识产权保护中的责任担当和创新思维,为企业商业秘密保护和侵权案件处理提供重要参考。

2.李某甲等三人侵犯著作权案[*]

【关键词】 著作权；认罪认罚从宽制度；维护民企权益

【要　旨】 在办案中通过积极引导侦查、实现精准打击侵犯知识产权犯罪；履行检察职能，充分运用认罪认罚从宽刑事制度，敦促被告人向权利人主动赔偿，帮助企业挽回损失，依法维护民营企业合法权益，促进办案政治效果、法律效果、社会效果的有机统一。

【基本案情】

2016年1月至2018年5月，被告人李某甲伙同被告人李某乙，未经"完美世界"网络游戏著作权人完美世界（北京）软件科技发展有限公司的许可，向他人租用服务器后，私自在http://18wanmei.com网站上非法运营"久游完美"网络游戏。

被告人李某甲通过向游戏玩家出售游戏币、游戏装备的方式收取游戏玩家充值款，并利用天津花飞网络科技有限公司等单位提供的第三方支付结算业务，使用账户名为"江某芹"的银行账户收取"久游完美"网络游戏经营款，非法经营额累计人民币8173055.07元。被告人李某乙在被告人李某甲非法经营"久游完美"网络游戏的过程中，提供解答游戏玩家问题咨询、管理游戏运营秩序等帮助行为。被告人李某丙明知被告人李某甲非法运营私服网络游戏牟取利益，仍为其提供账户、帮助其取款等。

经鉴定，"久游完美"网络游戏与完美世界（北京）软件科技发展有限

---

[*] 因查处该案件，厦门市思明区人民检察院获评国家版权局"2019年度查处重大侵权盗版案件有功单位"。

案件承办人、案例撰写人：王珏，系厦门市思明区人民检察院党组成员、副检察长。本文评析人：李晶，系厦门大学知识产权研究院助理教授、硕士生导师，法学博士。

公司拥有合法著作权的"《完美世界》V1.0 网络游戏"存在实质性相似,属于"未经著作权人许可复制的游戏程序"。

2018年5月,被告人李某乙、李某甲被抓获归案,现场缴获犯罪所用电脑等作案工具;2018年7月,被告人李某丙主动到厦门市公安局投案。被告人李某甲家属主动上缴部分违法所得款共计321354.98元。

审查起诉阶段,被告人李某甲、李某乙、李某丙与被害单位完美世界(北京)软件科技发展有限公司达成赔偿协议,被告方主动赔偿被害单位经济损失人民币170万元。

【诉讼过程】

本案由厦门市公安局于2017年5月5日立案侦查,以被告人李某甲、李某乙、李某丙侵犯著作权罪,于2018年9月30日向思明区人民检察院移送审查起诉。厦门市思明区人民检察院经审查,于2019年4月11日向厦门市思明区人民法院提起公诉。思明区人民法院于2019年5月21日作出判决,认定三被告人的行为均已构成侵犯著作权罪,判处被告人李某甲等人一年至三年六个月不等的有期徒刑,并处人民币十万元至四百万元不等的罚金。上述判决已生效。

【检察履职情况】

思明区人民检察院在查办该案的过程中,充分发挥检察职能,注重引导侦查取证;在查明案情的基础上,敦促被告人认罪认罚;积极做好释法说理工作,促成和解,为民企挽回经济损失,为被告人提出较为宽缓的量刑建议,做到案结事了、双方服判。

一、有力引导侦查,依法精准打击

网络游戏著作权侵权案件中,由于虚拟性和在线储存数据的特点,证据大多以电子形式出现,固定难度大,容易发生灭失;同时,网络平台上发达的第三方,甚至第四方支付服务,为被告人非法经营额的收取提供便捷且隐蔽的支持,这些都为案件事实的查清带来难度。被告人李某甲等人一度心存侥幸,到案后拒绝如实供述,意图将部分非法所得辩解为其合法收入。检察官从扎实证据入手,拓宽侦查思路,积极引导侦查机关调查取证：一方面通过对服务器租赁费用细微关联交易的发现，梳理出可疑银行账户，并对该账户数千条银行交易流水信息的详细梳理，在付款时间、金额等方面总结发现规律，排查出向李某甲提供结算、支付服务的付款人，确定身份后引导侦查机关及时外调取证。另一方面，因注意到存储介质只需经过网络技术即可实现远程操控，极易发生电子证据被修改，甚至删除灭失的风险，检察官及时引导公安机关制订周全的侦查计划，做到异地、多处、同时取证，查清被告人李某甲等人两年多来通过私设服务器经营盗版游戏非法获利的全部事实，固定涉案金额达800余万元的确切证据。经审查起诉补充、夯实的证据，敦促被告人如实供述，全案获生效判决支持，依法精准打击侵犯著作权犯罪。

二、体现检察担当，维护民企权益

被害单位完美世界（北京）软件科技发展有限公司系上市公司、国内知名游戏软件制造商，却因网络侵权成本低、获益高、取证难等原因，合法著作权长期受到不法侵害。检察官在严惩知识产权侵权犯罪的同时注重维护民营企业合法权利，耐心倾听被害民营企业合理诉求，充分保障其知情权和诉讼权利。针对权利人通过诉讼获得侵权赔偿的周期长、成本高、举证难度大等困难，检察官通过促成被告人向权利人进行合理赔偿，积极推动帮助企业挽回损失，最大限度地减少刑事案件对企业的不良影响。为此，检察官在被告人与被害单位之间做好沟通说服工作，综合权利人所受侵害、被告人违法所得及其目前经济状况、赔偿能力等，就合理赔偿数额提出中肯建议，积极为双方创造赔偿协议达成的条件。此外，检察官多次协调看守所、公证处、车管所等单位，确保赔偿协议的顺利履行，最终促成被害单位在审查起诉阶段即获得170万元赔偿款。被害单位对检察机关的主动担当作为给予高度评价，送来"严格执法心系民，司法服务暖人心"的锦旗表示感谢。

三、运用认罪认罚，展现办案效果

在案共有三名被告人，除李某甲外，其姐姐李某乙、父亲李某丙也共同参与犯罪行为。检察官依法对各被告人的地位、作用认真查明，严格区分：因案发时被告人李某丙已60多岁，地位作用相对轻微，且其不如实供述系出于意图帮助儿子李某甲逃避处罚的人之常情。检察官遂主动开展羁押必要性审查,通过耐心细致的法律政策教育促成其如实供述,认罪伏法,并及时对其变更强制措施为取保候审。检察机关的主动担当作为深深感化原本拒不认罪的被告人李某甲,在扎实证据的双重压力下,李某甲放弃狡辩,彻底如实供述。检察官向其说明认罪认罚从宽制度的适用条件及主动赔偿被害单位经济损失可获从轻处罚的刑事政策,最终促成赔偿协议的达成。检察职能的充分、灵活运用,一方面为被害单位挽回经济损失,维护其合法权益;另一方面,被告人也依法得到从轻处罚,给检察官送来"检察春风化矛盾,执法为民暖人心"的锦旗表示真心感谢。案件办理取得双赢、共赢的社会效果。

【典型意义】

本案系国家版权局"打击网络侵权盗版'剑网 2018'专项行动"重要案件。网络著作权侵权案件因犯罪手段隐蔽,取证难等特点,一方面呈多发态势,另一方面面临打击难的困境。厦门市思明区人民检察院在查办该案的过程中,通过有效引导侦查,依法精准打击侵犯知识产权犯罪,涉案金额 800 余万元,案件查办法律效果好。同时有效发挥检察职能,通过认罪认罚从宽制度和羁押必要性审查的运用,促成被告人主动赔偿被害单位损失,最大限度地帮助民营企业挽回损失,实现政治效果、社会效果、法律效果的统一。在依法严惩知识产权侵权犯罪、加强对民营企业合法权益的保护方面具有典型意义。

【案例评析】

在"李某甲等三人侵犯著作权案"中,检察机关展现在知识产权保护中的严谨法律思维与创新实践,特别是在刑法介入的正当性与限度、法律条文的精准适用、电子证据的规范取证以及认罪认罚从宽制度的应用等方面。本案在打击网络著作权侵权行为、维护市场秩序、保护权利人利益方面,为知识产权刑事司法保护提供重要的参考。

一、精准界定刑法介入范围,有效打击严重侵权行为

本案的核心问题在于,面对网络著作权侵权行为,刑法的介入是否正当以及应当如何把握介入的边界。在知识产权法与刑法的关系中,刑法作为保障权利人利益的最后手段,只有在侵权行为具有严重社会危害性时才具备介入的正当性。

(一)合理评估刑法介入的必要性,保障权利人利益

在网络著作权侵权中,刑法介入的必要性在于,当行为人的侵权行为已经达到严重危害社会的程度,民事救济和行政处罚不足以保护著作权人的合法权益时,刑法便应作为补充性保护手段介入。李某甲等人未经授权复制并私服运营"完美世界"游戏,给权利人造成重大经济损失,同时破坏市场的公平竞争秩序,其行为具有较高的社会危害性。检察机关的指控符合《中华人民共和国刑法》(以下简称《刑法》)第217条关于侵犯著作权罪的规定,体现对市场秩序和权利人权益的重视。由于民事手段难以有效遏制被告人非法牟利的行为,刑法的介入在此情境下具有正当性。

这种必要性的判断逻辑是明确的:本案行为人通过私服运营的方式非法获取巨额利益,并削弱权利人"完美世界"公司通过正当经营所获取的市场份额,侵害正常的市场竞争秩序。若单纯依赖民事救济手段,难以有效遏制此类恶性侵权行为,也无法达到刑法所具有的威慑与规范作用。因此,检察机关的刑法适用不仅是对权利人财产性权益的保护,更是对公共利益的保障,凸显刑法作为保护知识产权的"最后手段"的补充功能。

(二)准确把握刑法干预的限度,避免过度刑罚化

刑法介入知识产权保护的合理性植根于法益保护原则,即刑法应当保护社会普遍认同的重要法益,且只有在这些法益遭受严重侵害时,刑事处罚才具备正当性。在本案中,检察机关以刑法手段保护著作权人"完美世界"的财产性权益,旨在维护市场竞争的公平性。被告人通过非法私服运营获取不当利益,直接削弱权利人通过正当经营所获取的市场份额,并扰乱市场经济秩序这一重要法益,符合刑法干预的正当条件。检察机关的刑事介入,既体现出对市场秩序和知识产权保护的重视,也契合刑法的社会防卫功能。

本案的检察处理体现对刑法介入的限度考量,尤其注重刑法作为"最后手段"所需的介入标准。通常,著作权侵权案件首先注重民事责任的优先性,避免过度刑罚化,然而本案中被告人以持续性侵权行为获利丰厚,

对著作权人经济利益和市场环境造成重大不良影响,已超越民事救济范围。检察机关通过本案强调"社会危害性"作为刑法适用的重要标准:仅当行为对社会法益的侵害达到刑事惩罚的程度时,刑罚的威慑与教育效果方能得以实现。此标准的运用既避免刑法对轻微侵权行为的不当扩展,又强化对严重侵权行为的有效打击,使刑法在知识产权保护中实现有效适用与精细控制的平衡。

二、准确适用法律条文,严格认定侵权构成与证据链

本案中,李某甲等人未经许可复制并私服运营"完美世界"游戏获取高额利润,构成《刑法》第217条规定的侵犯著作权罪。侵犯著作权罪的本质在于未经著作权人许可,对其作品进行复制、发行或信息网络传播的侵权行为,严重者将受到刑事惩罚。李某甲等人直接通过复制网络游戏代码并以私服运营方式谋取经济利益,具有明显的营利目的,且非法经营数额巨大,符合本罪的构成要件。

检察机关在此类案件中承担着精准认定犯罪事实、厘清犯罪构成的重任。侵犯著作权罪在网络游戏私服运营场景中具体化的实现,涉及技术、市场和法律的多重问题,尤其是侵权行为的隐蔽性和证据的电子化等因素使定罪难度加大。在审查起诉过程中,检察机关有效引导侦查,通过精准收集证据,调取服务器租赁记录、网络支付记录等关键证据,建立起完整的证据链,最终证明被告人实施侵犯著作权的事实和主观故意。这种司法工作方法既充分保障被告人的合法权益,也体现检察机关在知识产权刑事保护中的专业性与细致性。

三、合理适用认罪认罚从宽制度,全面贯彻宽严相济原则

在本案中,检察机关通过认罪认罚从宽制度的合理运用,实现法律效果与社会效果的有机统一。认罪认罚从宽制度在案件中的应用,不仅帮助检察机关更高效地推动案件进展,也为被告人提供从轻处罚的机会。

(一)释法说理促认罪认罚,灵活运用宽严相济原则

在案件审理过程中,检察机关通过释法说理,使被告人认识到自身行为的严重性,并促成其主动认罪认罚。通过与被告人签订认罪认罚具结

书,并根据其主动赔偿的情况提出从宽处理的建议,检察机关体现对刑事政策中宽严相济原则的灵活应用。认罪认罚从宽制度的合理运用,不仅降低诉讼成本,也实现对被告人改过自新的鼓励。

(二)综合考量悔罪赔偿表现,合理提出从轻量刑建议

检察机关在提出量刑建议时,充分考虑被告人的主观恶性、社会危害性以及积极赔偿行为,体现对量刑合理性的重视。在本案中,李某甲等人在审查起诉阶段主动赔偿170万元,展现悔罪态度。检察机关依据认罪认罚从宽制度,建议法院对其从轻处罚,这一做法既确保法律的严肃性和权威性,又体现刑法的教育和感化功能。

本案通过深入的法理分析、严谨的法律适用,以及对认罪认罚从宽制度的合理应用,为知识产权刑事司法保护提供一个具有典型意义的案例。检察机关在案件处理中,注重对法律原则的把握与实践中的灵活运用,体现其在新时代背景下知识产权保护中的司法担当。

3.吴某某销售假冒注册商标的商品案[*]

【关键词】 二手翻新;销售假冒注册商标的商品罪;平等保护

【要　旨】 "二手翻新"属于国家鼓励的回收利用,但将多种废旧零件和杂牌产品拼装而成的"二手翻新"产品当作全新原装正品出售,会导致消费者对商标指示的商品质量产生错误认识,影响商标背后的产品信任度,进而损害商家商誉,客观上侵犯注册商标所有人的权利,属于实质上的假冒行为,因此应当认定其构成销售假冒注册商标的商品罪。

【基本案情】

厦门启智管理咨询有限公司成立于2006年12月,2014年6月更名为厦门兴润星贸易有限公司(以下简称兴润星公司)并由被告人吴某某实际经营。2014年至2020年,被告人吴某某通过网络平台等方式购入经二手回收后翻新或重装再造的标识有"ABB""SIEMENS"等品牌的多种工控自动化产品。为使所销售的侵权产品更接近原装正品,吴某某又从网上购入标签打印机、印有"ABB""SIEMENS"商标标识的纸箱和含有"ABB""SIEMENS"商标标识的印章等物品,并安排兴润星公司工作人员对购入的翻新或重装再造的工矿产品先进行简单的表面除尘、清理,再根据客户的需求,使用印有"ABB""SIEMENS"商标标识的纸箱进行重新包装,将翻新产品所假冒注册商标的原装正品的品牌、型号、主要参数等打

---

[*] 本案获评中国外商投资企业协会优质品牌保护委员会"2020—2021年度'两法'衔接典型案例""2022—2023年度知识产权保护十佳案例"。

案件承办人:王珏,系厦门市思明区人民检察院党组成员、副检察长;林翔,系厦门市思明区人民检察院检察官助理。案例撰写人:林翔。本文评析人:王俊,系厦门大学知识产权研究院副教授、博士生导师,经济学博士。

印成标签贴在纸箱上,再使用含有"ABB""SIEMENS"商标标识的印章加盖在纸箱上,假冒阿西亚·布朗·勃法瑞有限公司(以下简称 ABB 公司)、西门子股份公司(以下简称西门子公司)原装正品销往福建、河南、吉林等地,销售金额共计 7 万余元。

经权利人举报,2020 年 7 月 15 日,厦门市海沧区市场监督管理局依法对兴润星公司的经营场所和仓库进行现场检查。查获大量假冒"ABB""SIEMENS"品牌的待售侵权产品及印章、纸箱、标签打印机等制假工具。经鉴定,上述现场查获的侵权产品价值人民币 108 万余元。

【诉讼过程】

2020 年 9 月 6 日,公安机关对本案立案侦查。2021 年 3 月 19 日,公安机关将本案移送厦门市思明区人民检察院起诉。2021 年 9 月 17 日,厦门市思明区人民检察院依法向厦门市思明区人民法院提起公诉。2022 年 7 月 8 日,法院作出一审判决,采纳检察机关量刑建议,判处被告人吴某某有期徒刑两年三个月,并处罚金人民币五十万元。判决宣告后,被告人未提出上诉,该判决已生效。

【检察履职情况】

一、提前介入

2020 年 9 月 6 日,公安机关对本案立案侦查。福建省厦门市思明区人民检察院及时介入,检察人员多次前往扣押涉案物品存放的仓库进行实地查看,提出侦查取证意见:调取吴某某的进货及销售记录,固定微信聊天记录、淘宝交易记录等电子数据,联系被侵权单位进一步完善涉案假货的真伪鉴别文书,准确认定涉案侵权产品的价值。2021 年 3 月 19 日,公安机关将本案移送厦门市思明区人民检察院起诉。

二、审查起诉

针对辩护人提出的被告人吴某某销售的是"二手翻新"的工矿产品,旧的工矿产品上本身就带有商标,再次附着相同商标并不会改变商品与商标的对应关系,因此二手工矿产品的翻新并不属于刑法意义上的"使用相同的注册商标",而是属于国家鼓励的回收利用,并非侵权行为。检察机关经与被侵权单位联系,组织 ABB 公司、西门子公司的有关专家对涉侵权的"ABB""SIEMENS"产品逐一拆卸,并出具更为详细的补充鉴定报告,明确吴某某销售的所谓"二手翻新"的工矿产品实为由多种废旧零件和杂牌产品拼装而成,并不具备其宣称的原装正品的功能,属于实质上的假冒行为。检察机关综合全案犯罪事实和各项情节,提出合理量刑建议,经充分释法说理,被告人吴某某最终认识到自己的错误,自愿认罪认罚。

【典型意义】

一、积极引导取证,实现全面精准指控

本案中,检察机关主动提前介入侦查,围绕本案的工矿产品的专业鉴定、罪名适用、电子证据收集等提出意见,引导公安机关及时收集固定相关证据,为案件顺利移送审查起诉筑牢证据基础。因本案的侵权产品系复杂的工矿产品,原鉴定意见存在表述简单、说理不明的情况,承办检察官介入后立即向 ABB 公司、西门子公司寄出《知识产权刑事案件权利人诉讼权利义务告知书》,认真听取权利人意见,得到 ABB 公司、西门子公司的肯定和支持,在承办检察官的建议下,ABB 公司两次派出专业工程师与承办检察官前往扣押涉案物品存放的仓库,对涉案物品逐一拆解拍照,之后补充出具更为详细的鉴定意见,为本案的精准指控提供了有力支持。

二、厘清本案争议焦点,准确认定涉案罪名

审查起诉阶段,针对辩护人提出的被告人吴某某销售的"二手翻新"的工矿产品是属于国家鼓励的回收利用,并非侵权行为。检察机关通过补充的鉴定报告,明确吴某某销售的所谓"二手翻新"的工矿产品实为由多种废旧零件和杂牌产品拼装而成,并不具备其宣称的原装正品的功能,属于实质上的假冒行为,被告人吴某某销售并不具备原装正品功能的实质假冒的工矿产品,会导致消费者对商标指示的商品质量产生错误认识,影响商标背后的产品信任度,进而损害商家商誉,客观上侵犯注册商标所有人的权利,因此应当认定其构成销售假冒注册商标的商品罪。

三、坚持平等保护,不断优化营商环境

本案侵权对象均为国际知名的高科技龙头企业,犯罪数额较大,涉及地域广,严重侵犯商标所有权人的合法权益。检察机关坚持平等保护理念,严厉打击侵犯知识产权犯罪,依法平等保护外国权利人合法权益,优化我国营商环境,彰显我国尊重和保护知识产权的一贯立场。

【案例评析】

一、法律适用准确

由于本案涉及复杂的工业自动化产品,被告人的所谓"翻新复制"行为实则涉及两个方面的认定问题:假冒行为不仅仅只存在于商标翻新、仿制和再包装等行为,还涉及产品的内部零件拼装与功能的真实性。鉴定的重点在于确定这些所谓"二手翻新"的产品是否具备被告人宣称的正品功能,或者说,是否确实来自已经使用过的二手正品,以及是否构成侵犯商标权的行为。

被告人在辩护过程中提出,其销售的产品属于合法的二手翻新产品,不应视为假冒商品。根据《商标法》及相关司法解释,使用相同商标的二手商品销售是否构成侵权取决于是否误导消费者。本案中,检察机关通过鉴定明确被告辩护理由不成立,吴某某销售的产品并非简单的二手翻新产品,而是通过拼装多种废旧零件的方式假冒正品,误导消费者。就假冒商品本身而言,其并非由旧原厂工矿产品维修、翻新而来,而是使用劣质产品和杂牌产品拼装而来,不具备原厂工矿产品为基底的翻修基础,为纯粹假冒的侵权商品,并且涉案金额较大,已然达到入罪条件。

基于上述分析,根据国家知识产权局《商标侵权判断标准》第22条、《最高人民法院关于审理商标民事纠纷案件适用法律若干问题的解释(2020)》(法释〔2020〕19号)第9条的规定,被告人未经商标注册人许可,擅自在仿制的同类品上使用权利人的注册商标,严重侵犯商标权利人的利益,损害市场形象。因此,在审查起诉阶段,检察机关准确运用《中华人民共和国刑法》第213条的相关规定,认定被告人的行为构成"销售假冒注册商标的商品罪"。

二、丰富"二次销售"的类案经验和认定标准

本案涉及的商标权侵权产品为高科技工业自动化产品,这类产品不仅具有较高的市场价值,还具有前沿技术。此类商品因具有价格昂贵、维保费用高、耐用性强的特点,"二手市场"潜在规模较大。收售二手高技术产品具有高额利润,故二手市场中极易出现假冒的正牌商品。如本案"劣质拼凑"的产品一样,这类产品严重侵害权利人的利益和声誉,损害消费者权益,损害二手市场的信誉。本案的企业专家参与,为认定这类假冒劣质商品提供宝贵的经验,为类案提供有效参考。

三、创新检察机关履职模式和检企合作

本案的侦办过程,体现检察机关在知识产权犯罪案件中的主动作为和职能创新。首先,检察机关通过提前介入侦查,引导公安机关调取关键证据,确保证据的全面性和准确性。尤其是在电子证据收集、商标侵权鉴定等环节,检察机关注重程序要求,确保案件取证工作的科学性与完整性。其次,本案检察机关创新性地引入与权利人企业专家的协作机制。鉴于假冒产品所涉技术复杂、零件繁多,检察机关邀请ABB公司和西门子公司的工程师对涉案产品进行逐一拆解、鉴定,并通过照片、视频等形式固化证据。这样的协作不仅确保专业鉴定的权威性,也为司法机关的认定提供有力支持。这种"专家—检察官"联合鉴定机制极具创新性,是司法实践中打击高科技产品假冒行为的成功范例。

四、深化商标法司法解释的适用与消费者权益的延伸保护

本案的另一显著特色在于对商标法司法解释的深入适用。被告人吴某某辩称其销售的产品属于"二手翻新"产品,试图以此为依据规避刑法制裁。而检察机关根据《最高人民法院关于审理商标民事纠纷案件适用法律若干问题的解释(2020)》(法释〔2020〕19号)第9条,明确指出未经商标权人许可,擅自更换商标并销售商品,属于侵犯商标权的行为。

本案中的侵权产品即使来自二手翻新,但因其拼装劣质零件,无法达到正品的功能与质量标准,还使用原产品的商标与包装,严重误导消费

者。这种行为不仅侵犯商标权人的合法权益,还损害消费者的知情权和选择权。《中华人民共和国消费者权益保护法》第 20 条规定,经营者应当如实向消费者提供商品的质量、性能、用途等真实信息,保证消费者的知情权。被告人的行为严重违背这一规定,致使消费者对产品质量产生错误认知,损害市场的正常交易秩序。因此,本案的判决不仅维护商标权利人的商誉,还在更大层面上保护消费者的基本权益,进一步阐明商标法与消费者保护法之间的紧密联系。

五、丰富知识产权刑法保护的经验

本案彰显我国对知识产权刑法保护的坚定立场,通过严厉打击假冒注册商标的商品行为,果断地利用刑法认定严重侵犯知识产权的行为,有效遏制侵害知识产权的犯罪活动,强化商标权利人的法律保护。本案不仅对假冒伪劣行为实施精准的刑事制裁,还通过刑法的威慑力维护市场秩序和公平竞争,进一步推动法治化营商环境的构建。该案对于优化我国知识产权保护体系,提升市场参与人的知识产权意识,促进科技创新具有深远影响。

六、深化涉外知识产权保护与平等适用

本案涉及的被侵权产品为国际知名企业 ABB 公司与西门子公司的工控自动化产品。作为全球 500 强企业,ABB 公司和西门子公司在国际高科技产业中占据重要地位,其产品不仅在我国市场上被广泛使用,还在推动国内技术进步和产业升级中发挥关键作用。因此,本案的处理不仅关乎单纯的知识产权纠纷,还直接影响我国对外开放环境中对外国投资者合法权益的保护。

我国一直以来致力于建设法治化、国际化的营商环境,尤其是在知识产权保护领域,强调对国内外权利人进行平等保护。依据《中华人民共和国商标法》第 9 条的规定,商标权人享有的独占权应受到平等保护,无论权利人是国内主体还是外资企业。本案检察机关在办理案件时,严格遵守平等保护原则,维护外资企业的合法权益,展现我国对涉外知识产权案件的高度重视。这种平等保护理念进一步提升外资企业在华投资的信

心,向全球释放出我国坚定维护知识产权的积极信号。

七、总结

在吴某某销售假冒注册商标的商品案的办理过程中,思明区检警机关和市场监管部门全面展示涉外知识产权保护中的法律适用、证据取证及消费者权益的综合考量,为未来同类案件的调查工作提供重要参考。在全球化的经济环境中,知识产权保护已成为国家竞争力的重要体现。通过本案,思明区人民法院展现我国在打击侵权行为、保护知识产权方面的坚决态度,进一步推动我国营商环境的优化与科技创新的保护。本案的成功审理不仅强化知识产权保护的法律实践,更在国际知识产权保护领域树立新的样板。

4.任某某等六人侵犯商业秘密案[*]

【关键词】 侵犯商业秘密罪;民刑交织把握实质关系;技术性证据审查;高质效办好每一个案件

【要　旨】 检察机关在办理侵犯商业秘密案件中,以事实为根据,抓住案件的关键环节和本质问题,全面审查侵权形态、技术性证据、因果关系等事实要素,审慎认定侵权行为。以法律为准绳,探究蕴藏在法律背后的基本价值和理念,准确区分民事侵权与刑事犯罪,精准认定技术人才合理流动与法律侵权的不同。将"三个善于"贯穿高质效办案始终。

【基本案情】

权利人厦门甲公司于2017年开始研发智能切割软件系统源代码(以下简称A代码),经迭代演进,可搭载于桥切设备上智能化生成排版设计方案并自主执行切割。A代码系甲公司商业秘密,其中包含算法、辅助工具、支持类工具库等多项秘点,甲公司对此采取保密措施进行管理。甲公司曾对外授权使用A代码,许可使用费为550万元人民币。

犯罪嫌疑人任某某、黄某某、陈某某、阮某某、何某某、杨某某等六人,均曾在A代码研发期间供职甲公司。任某某担任甲公司总经理,全面负责公司营销、融资、技术研发等事务;何某某系甲公司产品经理;黄某某任技术总监,主持A代码开发;陈某某、阮某某、杨某某系甲公司程序员,负

---

[*] 案件承办人:邱晨帆,系厦门市思明区人民检察院四级高级检察官。案例撰写人:邱晨帆、林璐,系厦门市思明区人民检察院三级检察官。本文评析人:罗立国,系厦门大学知识产权研究院副教授、硕士生导师,管理学博士。

责部分涉案源代码的开发。

2021年4月,任某某离职并组建乙公司,研发与甲公司A代码功能、市场定位相同的智能切割软件源代码(以下简称B代码)。黄某某等五人陆续入职乙公司,在乙公司所从事的研发模块和工作任务与此前各自在甲公司的工作内容一致。上述六人在甲公司任职期间,均曾签订保密协议,对源代码技术秘密负有保密义务。上述人员自甲公司离职时,未依照保密协议约定上交或删除所持有的源代码技术秘密。

乙公司于2021年7月推出B代码商用版本,任某某持该软件同广东丙公司合作生产智能桥切设备。2021年7月底,任某某明知泉州丁公司已签约购买甲公司价值133万余元的智能生产软件及桥切生产设备,仍然劝说丁公司购买搭载B代码的丙公司智能桥切设备,丁公司因此解除此前购买甲公司产品的合同,造成甲公司损失相应合同利润。

2021年11月底,甲公司知悉乙公司对外销售与A代码类似的切割软件,遂向侦查机关报案,控告任某某等人以不正当手段获取其商业秘密A代码,并以A代码许可使用费计算为依据,认为任某某等人行为给甲公司造成损失550万元。2022年2月25日,厦门市公安局海沧分局以侵犯商业秘密罪立案侦查,并对任某某等六人采取取保候审强制措施。侦查中厦门市公安局海沧分局依法提取丁公司生产现场机台所搭载的乙公司切割执行程序软件,并自乙公司电脑及SVN账号内提取相关代码作为检材,与A代码之间进行同一性比对鉴定。经鉴定,检材代码与A代码存在部分相同,也存在部分差异。2022年11月15日,侦查机关将本案移送厦门市思明区人民检察院审查起诉。检察机经两次退回补充侦查,认为在案证据虽然证实任某某、黄某某、陈某某等人在乙公司软件产品开发过程中,违反甲公司相关约定及保密要求,披露、使用甲公司A代码商业秘密,但难以证实相关人员对上述商业秘密的披露、使用,已对权利人甲公司造成了重大损失。2023年5月29日,厦门市思明区人民检察院依法对任某某、黄某某、陈某某等人作出存疑不起诉决定。

【诉讼过程】

本案由厦门市公安局海沧分局侦查终结,任某某、黄某某等人涉嫌侵犯商业秘密罪,于2022年11月15日向厦门市思明区人民检察院移送审查起诉。思明区人民检察院受理后,分别于2022年12月15日、2023年2月28日、2023年5月14日延长审查起诉期限三次,于2022年12月30日、2023年3月15日退回补充侦查两次。公安机关于2023年4月14日第二次重新移送审查起诉。经审查,思明区人民检察院认为任某某、黄某某等人涉嫌侵犯商业秘密罪事实不清,证据不足,不符合起诉条件,于2023年5月29日依法对上述人员作出不起诉决定。

【检察履职情况】

公安机关对本案立案侦查后,厦门市思明区人民检察院经公安机关商请提前介入,积极引导公安机关开展侦查,案件受理后同步开展大量自行补充侦查工作,具体如下:

1.强化侦查引导及证据审查,准确把握实质法律关系。一是自行补侦查明代码同源。检察机关深度发掘聊天记录、PDB文件等电子数据,对数据量高达5T的海量信息进行比对筛查,通过发现侵权公司申请商标与被侵权代码名称一致、存储目录名称和路径一致、侵权人在立案后持续修改代码并关闭SVN账号、远程删除涉案机台代码等细节,准确认定侵权代码与被侵权代码的同源性。二是准确认定因果关系。抓住案件中的主要矛盾,针对第三方公司提出其与被侵权公司毁约,与侵权公司并无因果关系的证言,检察机关强化讯问、询问及企业经营审查,查明第三方公司毁约行为与侵权人引诱具有实质因果关系。三是实质审查涉案技术证据。针对源代码同一性鉴定中相似度比例较低的结论,检察机关对技术鉴定报告进行实质审查,发现两方代码分布结构具备如下特征:难以研发、不易修改的模块,相同度普遍较高,反之较低;命名特征上看,部分代码文件存在批量替换名称影响相似度比对。经实质审查,检察机关确认双方代码连接紧密。

2.强化法条研究及法律适用,精准认定刑事民事界分。一是准确认定侵权形态。侦查机关认为任某某、黄某某等人系以不正当手段非法获取商业秘密,损失数额应当以许可使用费确定。检察机关审查时发现被侵权企业存在保密措施未完全到位等问题,依法认定黄某某等人合法持密,仅能认定其违反保密义务,披露、使用其所掌握的商业秘密。二是查明损失利润范围。公安机关委托审计被侵权公司损失时,未区分软件利润、硬件利润和扫描设备。检察机关通过咨询知产专家库专家、查阅市场文献,发现虽然涉案智能切割设备系软硬件一体化产品,但利润是否合并计算实务中分歧较大,且硬件部分价值一般较高,故审慎认定法律规定的合理预期利润,未搭载涉案秘点代码的硬件设备利润不予认定。三是考虑引入技术贡献率。虽然刑法及相关解释中未规定需要考虑技术贡献率,但检察机关经审查类案办理情形,并结合机械行业普遍经营情况,认为考虑技术因果比例已是应有之义。在考虑技术贡献率的情况下,本案损失难以认定已达到刑事处罚标准。

3.强化创新保护及矛盾化解,最大优化案件办理效果。一是积极化解矛盾。本案犯罪嫌疑人均为被侵权单位多年研发人员,为企业发展做了大量贡献,因该案件导致企业与老员工之间恶语相向、彼此怨怼实属可惜。检察机关对犯罪嫌疑人多次释法说理,化解犯罪嫌疑人对企业的怨气,最终使其认识到自己的错误,打开了与公司重新对话沟通的心门。二是引导企业民事挽损。针对报案企业对不起诉的不理解,开展法律解释工作,并积极提供民事挽救手段和渠道,引导企业同步寻求民事救济,讲清"法理"、讲明"事理"、讲透"情理",帮助企业更好地经营。

【典型意义】

一、聚焦服务创新驱动发展

针对违约型典型侵犯商业秘密行为多涉及研发员工与持秘公司之间的劳动纠纷的情况,"一刀切"地动用刑法对员工行为进行评价,有可能影响员工在劳动市场自主择业和通过创新获得正当收益的权利。涉案技术秘密的形成也往往同员工个人的工作经验及知识技能密不可分。法律规范有限而司法实践无穷,只有将法律规范放在政治、社会、历史、文化等背景下领悟理解,才能准确适用法律,进而实现高质效办案。结合社情加强对涉知识产权法律的理解,避免刑事手段不当干预人才要素的市场化合理配置,在保护商业秘密与尊重公民择业自由、正当取酬之间实现平衡,充分保障企业利益,"服务数字经济建设,推动新质生产力加快发展"。

二、做实"三个善于",高质效办好案件

在民事关系复杂、民刑关系交织的刑事案件中,把好证据审查关,剖析实质法律关系,让公平正义以看得见的方式实现。严格区分民事侵权、行政违法与刑事犯罪,防止刑事保护手段的过度扩张,介入民事纠纷之中。同时,坚持"如我在诉"、将心比心,对企业和员工坚持讲清"法理",循循善诱讲明"事理",感同身受讲透"情理",获得双方当事人认可并重新开始对话的最佳办案效果。

【案例评析】

根据《中华人民共和国刑法》第219条及《最高人民法院、最高人民检察院关于办理侵犯知识产权刑事案件具体应用法律若干问题的解释(三)》(法释〔2020〕10号)的规定,本案的争议焦点如下:一是侵犯商业秘密案件的"罪"与"非罪"的区分问题;二是侵犯商业秘密犯罪造成的损失如何认定;三是民刑交叉的商业秘密案件审理顺序的确定;四是商业秘密案件中应正确把握人才自由流动、商业秘密保护与技术创新三者之间的合理平衡。重点评析如下:

一、侵犯商业秘密案件的"罪"与"非罪"的区分

法律体系是由诸多法律部门相互组成的有机整体,一个妥当运行的现代法律体系要求在实践层面维持法秩序统一,只有立足于刑法与其前置法在中国法律体系中的具体规范关系,秉持"前置法定性与刑事法定量相统一"的刑事犯罪的生成与认定机理,才能为刑民交叉问题的解决另辟理论路径,进而捍卫刑法的保障法定位,实现刑法的谦抑性要求。[①] 但是随着知识产权的保护体系逐步完善,侵犯商业秘密的民事案件与刑事案件越来越多地发生交叉,如何在实体上处理好"罪"与"非罪"的关系,如何在程序上处理好刑事诉讼衔接,都是检察机关在办案过程中需要讨论的问题。

首先,民事法律与刑法认定商业秘密侵害行为成立的裁判思路应保

---

① 田宏杰:《刑民交叉研究:理论范式与实践路径》,载《交大法学》2023年第1期。

持一致。侵犯商业秘密罪是因民事侵权而引发的刑事犯罪,在认定侵害行为成立时,民事法律与刑事法律应遵循一致的裁判思路。具体而言,①应认定提出请求保护相关信息的人是否为真正的权利人;②该信息是否满足秘密性、保密性、价值性,再认定待保护信息与行为人获得、利用、披露的信息是否具有同一性;③认定对信息的获得、利用、披露行为是否具有不正当性或者违反保密义务。任何一件侵犯商业秘密案件的基本事实,一是确定主张商业秘密保护的信息的范围以及该信息是否构成商业秘密,二是判断行为人的行为是否侵犯了商业秘密及侵害的程度。本案中,甲公司的 A 代码是否构成商业秘密,是本案被告认定以不正当手段非法获取商业秘密的前提和基础。检察机关在审查过程中发现被侵权企业存在保密措施不完善、不到位等问题,因此对于侦查机关认为任某某、黄某某等人系以不正当手段非法获取商业秘密,检察机关认为缺乏确定和稳固的事实前提。

其次,民事法律与刑法对绝大多数商业秘密构成要件的含义应持一致理解。民事法尤其是《反不正当竞争法》界定了侵害商业秘密行为成立的各构成要件的内涵,刑法应在绝大多数情况中遵循这些内涵。正如刑法修正案删除了原《刑法》第 219 条对商业秘密的定义,表明其采取与《反不正当竞争法》(2019 年)完全一致的定义,在判断被害人是否为商业秘密权利人、诉请保护的信息是否为商业秘密的范围时,刑事法律应遵依民事法律界定的内涵。

再次,对民事法与刑法、罪与非罪的裁判选择问题上应该严格把握"情节严重"这一要件。按照《刑法》第 219 条,构成侵犯商业秘密罪需同时满足两个条件:实施侵犯行为并且达到"情节严重"的程度。侵犯商业秘密的行为在《刑法》第 219 条第 1 款[①]规定侵犯商业秘密罪的三种类

[①] 参见《中华人民共和国刑法》第 219 条(节选):"有下列侵犯商业秘密行为之一,情节严重的,处三年以下有期徒刑,并处或者单处罚金;情节特别严重的,处三年以上十年以下有期徒刑,并处罚金:(一)以盗窃、贿赂、欺诈、胁迫、电子侵入或者其他不正当手段获取权利人的商业秘密的;(二)披露、使用或者允许他人使用以前项手段获取的权利人的商业秘密的;(三)违反保密义务或者违反权利人有关保守商业秘密的要求,披露、使用或者允许他人使用其所掌握的商业秘密的。"

型:非法获取型、侵权型、违约型。① 对于是否构罪取决于是否达到"情节严重"的程度。刑法修正前,对于侵犯商业秘密行为主要是基于"重大损失"来考量是否予以入罪,不同行为对应不同的计算路径。由于目前尚未明确侵犯商业秘密罪的法益与"情节严重"各要素,且《关于办理侵犯知识产权刑事案件具体应用法律若干问题的解释(三)》(法释〔2020〕10号)等司法解释均尚未做出指引,法官在认定是否构成侵犯商业秘密罪中的"情节严重"时,缺乏具有程序确定性的判断方式。要解决这个问题,应把握侵犯商业秘密罪的"出罪"和"入罪"标准。

笔者认为需要从以下几个方面入手:第一,准确把握"情节严重"和"重大损失"之间的关系。虽然《中华人民共和国刑法修正案(十一)》(2020年)将"重大损失"改为"情节严重",但由于结果是情节的重要内容,给商业秘密的权利人造成"重大损失"也是属于"情节严重"的情形之一。"情节严重"是一个综合性的定罪要素,无法被具体量化,给权利人造成的损失大小仍然是侵犯商业秘密行为情节严重与否的重要考量因素。根据相关司法解释,如《最高人民法院、最高人民检察院关于办理侵犯知识产权刑事案件具体应用法律若干问题的解释(三)》(法释〔2020〕10号)第4条对"重大损失"的规定,将"重大损失"评价为"情节严重"并不会超出一般认知范围。这里的"重大损失",是指经济方面的"重大损失",即体现为经济损失的犯罪数额。司法实践中对"重大损失"普遍采取经济损失的认定进路。在知识产权犯罪领域,从关于"情节严重"的司法解释中可以看到,经济损失也是认定"情节严重"的重要标准之一,如相关司法解释对假冒注册商标罪、侵犯著作权罪"情节严重"的解释都是以犯罪数额为主。第二,准确把握情节严重的相关要素。不仅实际经济损失、行为次数、非法获利数额等客观要素可以作为"情节严重"的重要客观判断要素,还有必要将主观恶性、故意程度等主观因素纳入考量范围。第三,从刑法所保护的法益和刑罚规制目标出发,了解相关法律条文的立法本意。认识到行为后果不能全面反映行为的严重程度,对"情节严重"的评价也不能仅从损失数额判断,结合其他知识产权犯罪认定情节严重所依据的考

---

① 徐明:《厘清侵犯商业秘密罪定罪量刑原则》,载《检察风云》2024年第19期。

量因素,明确本罪"情节严重"的评价要素,并以此分析入罪标准,从而准确有力地打击侵犯商业秘密的行为。

最后,《反不正当竞争法》与《刑法》在认定侵害行为造成损害大小上存在一定区别。民事诉讼更追求损害认定的填平性,只要侵害行为成立,行为人就需要承担赔偿责任;刑事诉讼更追求损害认定的谦抑性,侵害行为只说明其存在法益侵害性,仍然需要考虑行为的法益损害程度,只追求情节严重的侵害行为。

二、侵犯商业秘密犯罪造成的损失如何认定

刑法修改之后,将"重大损失"修改为"情节严重"将侵犯商业秘密罪从结果犯修改为情节犯。而"情节严重"并不是唯数额论,需要法官进行综合的考量。修改为情节犯之后法官也会具有较大的自由裁量权,根据具体的案情来判断是否属于"情节严重"。以至于有学者提出,"有关'情节严重'的司法解释性规定,具有相当的恣意性,以致纰缪百出"[1]。这也是刑法修改之后存在的争议。但无论是修改前或是修改后侵犯商业秘密所造成的"重大损失"的评估都是民刑事案件中非常重要的一环。

本案中犯罪嫌疑人没有给甲公司造成重大损失是检察院存疑不起诉的关键。最高人民法院在发布的指导案例——"卡波案"中明确在计算商业秘密侵权损害赔偿时,应参考被侵害的商业秘密对产品利润的贡献度。[2] 最高人民法院知识产权法庭在2024年世界知识产权日的前一天,即4月25日作出吉利诉威马侵害技术秘密案终审判决,判令威马向吉利赔偿6.4亿余元人民币,成为截至目前国内判赔金额最高的知识产权侵权纠纷。该案中,吉利公司主张的秘点为汽车底盘技术,汽车底盘技术在整车中的技术占比是准确衡量判赔数额的重要因素。最高人民法院二审判决经过一系列的论证,考虑到侵权行为的性质、底盘技术在整车技术中所占比例、涉案技术秘密占底盘技术比例,最终认定涉案技术秘密的利润

---

[1] 陈洪兵:《"情节严重"司法解释的纰缪及规范性重构》,载《东方法学》2019年第4期。
[2] 最高人民法院公报2023年指导性案例219号。

贡献率为整车销售利润的 8%。① 相较于仅调节财产流转和归属关系的民事案件,在关乎公民人身自由的商业秘密刑事案件中不明确技术贡献率的适用是不符合基本逻辑的。只有科学合理地计算嫌疑人的违法所得,才能做到罪责刑相适应。但在我国商业秘密刑事犯罪领域,在法律规定、刑事侦查、审查起诉及审判各阶段均未将技术贡献率作为明确犯罪数额的依据。

在本案中,检察院创新性地在刑事诉讼中引入"技术贡献率"的概念,以更精确地量化侵犯商业秘密所造成的损失。所谓技术贡献率,即指涉案技术信息在权利人主张的产品或整体技术方案中的占比。此概念源自专利侵权赔偿计算,其历史可回溯至 1853 年美国联邦最高法院的 Livingston v. Woodworth 案,该案确立了以权利人利润损失为赔偿基准,并要求区分专利与非专利特征对利润的贡献,从而计算出专利技术对利润的贡献比例。尽管我国知识产权法律体系未直接定义技术贡献率,但《最高人民法院关于审理侵犯专利权纠纷案件应用法律若干问题的解释》(法释〔2009〕21 号)第 16 条第 2 款②已隐含这一原则,规定在涉及零部件的专利侵权案件中,赔偿数额应依据零部件价值及其在成品利润中的作用等因素合理确定。在商业秘密刑事案件中引入技术贡献率计算方法,不仅正当合理,而且至关重要,以下是对此的简要评述:

首先,商业秘密的权利属性要求在商业秘密刑事案件中必须考量技术贡献率。商业秘密作为一种法律拟制的权利,其核心在于保护未经公开的信息。商业秘密的界定依赖于权利人的自主设定,且在纠纷发生前一般未经第三方审核确认,这导致其权利边界的复杂性和模糊性。在处理侵犯商业秘密的刑事案件时,首要任务是严格区分哪些信息构成权利人的商业秘密,哪些属于公众已知信息或犯罪嫌疑人通过自主研发或二次开发所得。在明确权利人商业秘密的具体范围后,还需深入分析涉案产品的技术构成,即技术贡献率的问题。唯有那些直接源自权利人商业

---

① 最高人民法院(2023)最高法知民终 1590 号民事判决书。
② 参见《最高人民法院关于审理侵犯专利权纠纷案件应用法律若干问题的解释》第 16 条第 2 款:侵犯发明、实用新型专利权的产品系另一产品的零部件的,人民法院应当根据该零部件本身的价值及其在实现成品利润中的作用等因素合理确定赔偿数额。

秘密的产品构成部分所产生的利润,才应被视为违法所得。因此,不能简单地将整个产品的利润全部归结为侵犯商业秘密的非法所得。

其次,商业秘密犯罪与其他知识产权犯罪(例如商标犯罪和著作权犯罪)在保护客体及犯罪构成上存在显著差异。商标主要功能是标识商品或服务的来源,商标犯罪侧重于保护注册商标的专用权及国家商标管理制度,而著作权犯罪则主要聚焦于大规模非法复制和销售受版权保护的作品。这两类犯罪通常不直接涉及技术方案,因此在处理时无须考虑技术贡献率。相比之下,商业秘密与专利在权利属性上更为接近,均关联具体的技术方案或技术信息。然而,专利侵权行为一般不构成刑事犯罪,主要承担民事赔偿或行政责任。鉴于商业秘密的这种特殊权利属性,在处理涉及技术秘密的商业秘密犯罪时,必须纳入技术贡献率的考量。技术贡献率的明确有助于司法机关更精确地评估商业秘密对产品价值的实际贡献,进而合理确定犯罪数额,为定罪量刑提供更加科学的依据。

最后,技术贡献率的适用是商业秘密刑事证据规则的内在要求。侵犯商业秘密案件往往横跨民事与刑事两大领域,无论是在民事诉讼还是刑事诉讼中,均需计算损失数额或违法所得。在民事诉讼中,证据的认定遵循优势证据规则,损害赔偿则遵循填平原则,即赔偿金额应与实际损失相匹配。然而,刑事诉讼对证据的审查标准更为严格,要求达到"犯罪事实清楚,证据确实、充分"的高度,此责任由公诉机关承担。刑法作为社会秩序的终极保障,其适用应秉持谦抑原则,即在民事手段足以应对时,应优先考虑民事途径。在刑事领域,对犯罪数额的审查应比民事赔偿更为审慎,以避免对犯罪嫌疑人施加过重的责任,违反罪刑相适应原则。若在商业秘密刑事案件中不考虑技术贡献率,而简单地以侵权产品整体计算涉案金额,将导致量刑不公。鉴于民事案件中已广泛采用技术贡献率来确定损害赔偿,遵循更高审查标准的刑事案件更应适用此原则,精确计算犯罪数额,确保犯罪嫌疑人/被告人的合法权益得到充分保障,实现罪责刑相适应。

三、民刑交叉的商业秘密案件审理顺序的确定

在处理商业秘密纠纷中,可以采取"民刑并行"的审理顺序。由于商

业秘密的非物质性等属性,被害人通常会采取优先向行政机关报案的方式从而获取关键性证据;而在司法审判中,商业秘密案件刑事诉讼的判决却又依赖于民事诉讼的相关认定。但处理商业秘密纠纷,采取"民刑并行"的方式不失为一种可行的方式。

首先,采取先刑后民的审理方式。第一,容易导致当事人滥用刑事诉讼,使得原本属于民事诉讼的案件被公诉机关不当介入,浪费有限的司法资源。第二,强行要求商业秘密侵权案件先刑后民不利于双方通过达成和解等方式解决纠纷。

其次,采取先民后刑的审理方式。第一,要求刑事诉讼等待民事案件对于违法行为作出判断,会导致刑事诉讼的效率无法得到保障,被告人的犯罪长期无法得到确定,无疑是对被告人人身权利的一种损害。第二,公诉机关在刑事诉讼中往往有着更强的取证调查能力,在商业秘密诉讼中受害人需要依赖公诉机关的调查取证。

综上,"民刑并行"具有合理性。其是指民事诉讼与刑事诉讼可以并行审理,而不是指民事诉讼与刑事诉讼应当一并审理。主要从公平、时间等方面出发:第一,不先审理刑事诉讼,并不会导致事实无法查清,在民事上出现错案的情况,法院完全有能力对商业秘密侵权行为作出独立判断。[1] 刑事诉讼和民事诉讼分别有不同查清事实的方式。第二,不先审理民事诉讼,并不会导致公诉机关的不当介入。要解决公诉机关不当介入民事案件的问题,与是否审理民事诉讼无关,反而是需要公诉机关将"慎捕慎诉"贯穿到立案、起诉、审判等各个环节中去。[2]

四、人才自由流动、商业秘密保护与技术创新之间的合理平衡

知识产权保护应当注重人才自由流动、商业秘密保护与技术创新之间的合理平衡。员工在离职后继续从事相关领域的工作,有关技术方案是依赖其自身的专业知识和技能开发的,还是非法使用前雇主的商业秘

---

[1] 林广海、李剑、杜微科:《最高人民法院关于审理知识产权民事案件司法解释系列解读》,载《法律适用》2021年第4期。

[2] 于同志:《深化以审判为中心的刑事诉讼制度改革》,载《中国应用法学》2023年第3期。

密,需要结合案情和技术路线发展审慎判断。同时,商业秘密作为非公示性的知识产权,侵犯商业秘密罪所保护的法益更多地涉及权利人的商业秘密权而非正常的市场竞争秩序。相较于其他侵犯知识产权犯罪而言,侵犯商业秘密罪的私人利益属性更加明显。因此,对侵犯商业秘密的刑事规制,应充分运用和解的理念,通过和解、赔偿等方式促进权利人商业秘密权的修复。

本案中厦门市思明区人民检察院紧扣案件焦点,最大优化案件办理效果。一是准备把握实质法律关系,确认被侵权企业存在保密措施不完善、不到位等问题,依法认定黄某某等人合法持密,仅能认定为属于"违约型"侵犯商业秘密的情形,纠正侦查机关的错误认定;二是引入技术贡献率,确认实际损失达不到"情节严重"的要求,不符合入罪和刑事处罚的标准,准确区分民事侵权和刑事犯罪;三是积极提供民事挽救措施和渠道,引导被害企业同步寻求民事救济。在帮助被害企业完善商业秘密制度的同时,帮助被害企业和员工之间开辟沟通的桥梁,获得双方当事人认可并重新开始对话,从而获得最佳办案效果。通过一系列细致入微的措施,准确化解实质纠纷,精确认定技术人才合理流动与法律侵权间的不同,具有典型效用。

5.上海某科技有限公司、张某某假冒注册商标抗诉案[*]

【关键词】 知识产权犯罪；商标使用目的；商标使用行为

【要　旨】 本案系福建省知识产权领域首例一审无罪、二审直接改判有罪的抗诉案件。抗诉工作围绕一审判决理由和审理思路，紧扣构成要件，准确选择抗诉点，从社会危害性、案涉行为是否属于商标行为，以及行为人主观故意等方面，充分阐述抗诉理由，抗诉意见获终审判决支持。检察机关准确适用法律，在民刑交叉的知识产权类刑事案件中厘清个罪的主客观要件，释明实质危害，有效打击以"民事纠纷"名义侵害知识产权的犯罪行为。

【基本案情】

2020年4月12日，被告人张某某经营的上海某塑料科技有限公司（以下简称上海某公司），与重庆某材料有限公司（以下简称重庆某公司）签订协议，代为加工生产熔喷PP产品。重庆某公司并未对产品品牌、商标、包装提出要求，由上海某公司自行决定。上海某公司接单后，转委托他人在厦门市同安区代工生产。代工期间，被告人张某某私自向代工方提供印制有浙江某公司注册、持有的"fishareX"文字及图形组合标识的产品包装袋，用于对所生产的熔喷PP产品进行包装。

---

[*] 本案获评福建省人民检察院第十四批典型性案例（涉民企）、全省检察机关优秀刑事抗诉案例、2023年福建省检察机关知识产权保护优秀案例、福建省检察机关司法服务和保护民营企业发展典型案例、厦门市检察机关2022年度法律监督十佳案例。

案件承办人、案例撰写人：邱晨帆，系厦门市思明区人民检察院四级高级检察官。本文评析人：董慧娟，系厦门大学知识产权研究院教授、博士生导师，法学博士。

2020年5月12日,行政机关现场查获上海某公司生产的熔喷PP产品1634袋,共计40.85吨,均使用印有"fishareX"文字及图形组合标识的包装袋包装。现场还有印有"fishareX"文字及图形组合标识的熔喷PP产品空包装袋8000个。涉案熔喷PP产品预定销售价格为人民币866225元。

【诉讼过程】

厦门市思明区人民检察院于2021年10月12日以被告单位上海某公司、被告人张某某涉嫌假冒注册商标罪向厦门市思明区人民法院提起公诉。2023年3月31日,思明区人民法院作出一审判决,认为被告单位上海某公司、被告人张某某没有以商标牟利的犯罪目的,不存在实施假冒注册商标犯罪的主观故意,也不存在商标意义上的商标使用行为,不构成假冒注册商标罪。

判决后,被害单位浙江某公司申请检察机关抗诉。2023年4月7日,厦门市思明区人民检察院认为一审判决法律适用确有错误,有罪判无罪,依法向厦门市中级人民法院提出抗诉。厦门市人民检察院经审查支持抗诉。经审理,2023年8月3日,厦门市中级人民法院二审判决采纳抗诉意见,认为:上海某公司未经注册商标权利人许可,在同一种商品上使用与他人注册商标相同的商标,情节特别严重,构成假冒注册商标罪。张某某系单位犯罪直接负责的主管人员。检察机关关于上海某公司、张某某构成假冒注册商标罪的抗诉理由成立,应予采纳,原判对本案定性错误,应予纠正。同时,对出庭检察员提出的按照一审公诉机关的量刑建议进行改判的意见予以采纳,判决撤销一审判决,判决上海某公司犯假冒注册商标罪,判处罚金人民币二十二万五千元;张某某犯假冒注册商标罪,判处有期徒刑二年,缓刑二年,并处罚金人民币二十二万五千元。

【检察履职情况】

一审判决以后,检察机关主动与商标持有人浙江某公司沟通联系,一方面缓和纾解对立情绪,另一方面就涉案商标渊源、涉案业务来源、双方合作脉络等多个关联诉讼争点向权利人了解情况,收集证据,深度听取意见,引导其实质性参与诉讼。在上述工作的基础上,检察机关对案件进行反向审视,进一步强化证据链条,发掘法理阐述空间,精准开展抗诉,并推动权利人列席参与庭审,当庭发表意见,最终为后续成功抗诉奠定基础。

【典型意义】

一、紧扣构成要件,精准区分商标使用的主观要素

一审判决以不具备牟利目的为由,否定被告单位及被告人存在犯罪故意。抗诉书阐明假冒注册商标罪并非目的犯,不以诉讼过程非法获利的主观目的为构成要件,牟利目的的存在与否,不影响假冒注册商标罪的成立。二审抗诉意见书强化说理,指出一审判决不当增加本案的主观构成要件,于法无据,偏离打击侵权假冒行为、保护权利人的合法权益的出发点,不利于知识产权的司法保护。

二、立足行为本质,深度提炼商标使用的客观内涵

本案买受人并未对商品品牌、商标、包装提出要求,一审判决由此认定在产品包装袋上使用他人商标无法起到标识产品来源的作用,上述行为不是商标法意义上的"商标使用行为"。抗诉书从商事交易经验及社会常识出发,认为案涉行为商标来源标识功能不依赖于购买方的主观意图,必然能够产生识别商品来源的客观效果。二审出庭检察员支持抗诉时指出,《商标法》规定的"用于识别商品来源的行为"指的是"商标在商业活动中的公开性使用行为",主要用于区别"仅以维持商标注册为目的的象征性使用行为"和"仅有转让或许可行为而没有实际使用"的情形。据此,判断商标使用行为的要点在于判断商标是否应用于公开的商业活动。本案被告单位、被告人在现实、公开商业活动中印制商标、提供商品的行为客观上已导致一般人对商标、商品来源的错误认识,依法应属于商标法意义上的"商标使用行为"。

三、全面把握案情,完整释明案涉行为的犯罪危害性

本案被告人曾系被害单位的股东、高管,此前在浙江某公司联系市场业务过程中,经被害单位授权曾使用案涉注册商标。一审法院审理过程中因此混淆民事侵权与刑事犯罪。为界分民事责任与刑事责任,抗诉书强调假冒注册商标罪的实质危害性体现在侵害商标专用权及商标管理制

度,削弱商标持有人市场地位,损害商誉等多个方面。

【案例评析】

在知识产权日益成为全球经济发展核心驱动力的当下,每一起涉及假冒注册商标的案件都不仅仅是简单的法律纠纷,它们更深刻地影响着市场经济的健康运行、创新活力的激发以及消费者权益的保护。上海某公司、张某某假冒注册商标抗诉案,作为福建省首例一审无罪、二审直接改判有罪的抗诉案件,不仅因其法律适用的复杂性、判决结果的转折性而备受关注,更因其对知识产权领域司法实践的深远影响而显得尤为重要。本文将探讨其在商标使用认定问题、检察院办理知识产权案件等方面的进步与启示,以期为未来类似案件的审理提供参考。

一、假冒注册商标罪的深入探究

(一)主观要素的准确区分:犯罪故意与犯罪目的的辨析

在本案中,一审法院以被告单位及被告人不具备牟利目的为由,否定其存在犯罪故意,进而判决无罪。犯罪故意,是指行为人明知自己的行为会发生危害社会的结果,并且希望或者放任这种结果发生的心理态度;而犯罪目的,则是指行为人希望通过实施犯罪行为达到某种犯罪结果的心理态度。一审法院这一判断混淆犯罪故意与犯罪目的的联系与区别,忽视假冒注册商标罪的本质特征。

《中华人民共和国刑法》(以下简称《刑法》)第213条规定了假冒注册商标罪,"未经注册商标所有人许可,在同一种商品、服务上使用与其注册商标相同的商标,情节严重的,处三年以下有期徒刑,并处或者单处罚金;情节特别严重的,处三年以上十年以下有期徒刑,并处罚金"。根据该条款的规定,假冒注册商标罪中,只要行为人认识到自己使用的商标与他人已经注册的商标相同,明知自己的行为未经注册商标所有人许可,擅自在同一种商品上使用与其注册商标相同的商标,就构成犯罪故意。[①] 至于行为人是否具有牟利目的,并不影响其犯罪故意的成立。

---

① 张明楷:《假冒注册商标罪的认定》,载《民主与法制周刊》2022年第12期。

结合具体案情,张某某与浙江某新材料科技有限公司合作成立浙江某公司,将上海某公司机台并入浙江某公司转为其股份,并协商作出"张某某一年内注销上海某公司""在合作期间,张某某不得在外从事业务相似的经营活动"等竞业禁止相关约定。而张某某在未取得浙江某公司明确授权许可的情况下,明知涉案商标"fishareX"权属归于浙江某公司,仍自行印刷并指示于其违反竞业禁止约定私自接单的熔喷PP产品的包装袋上,其主观上具备假冒他人注册商标的故意。

基于此,厦门市思明区人民检察院在抗诉书中明确指出:假冒注册商标罪并非目的犯,不以牟利目的为构成要件,从而纠正一审判决的错误。

(二)客观内涵的深度提炼:相同商标、商品与商标使用行为的认定

根据《刑法》第213条的规定,假冒注册商标罪需要满足在"同一种商品、服务上使用与其注册商标相同的商标"这一要件。本案中,被告生产的商品和印刷的商标是否构成"相同",以及本案被告行为是否构成商标性使用行为成为控辩双方焦点。

首先,被告张某某、上海某公司在涉案熔喷PP产品上使用的标识为"fishareX",浙江某公司享有商标权的为第26493260号"FishareX",二者区别于首字母的大小写。根据《最高人民法院、最高人民检察院关于办理侵犯知识产权刑事案件具体应用法律若干问题的解释(三)》(法释〔2020〕10号)第1条第1项的规定,改变注册商标的字体、字母大写或者文字横竖排列,与注册商标基本无差别的,可以认定为《刑法》第213条规定的"与其注册商标相同的商标"。

本案中,被查获的产品与涉案商标核定使用的商品名称不相同,但法院认为其在功能、用途、主要原料、消费对象、销售渠道基本相同,据此可以认定为"同一种商品"。

其次,被告单位及被告人在产品包装袋上使用他人商标的行为是否构成商标使用的问题。一审判决认为,本案被告承接的业务为生产包装袋,仅作为商品的包装物,并未直接销售给消费者,无法起到标识产品来源的作用,不是商标法意义上的"商标使用行为"。《最高人民法院、最高人民检察院关于办理侵犯知识产权刑事案件具体应用法律若干问题的解释》(法释〔2004〕19号)第8条规定:《刑法》第213条规定的"使用",是指

将注册商标或者假冒的注册商标用于商品、商品包装或者容器以及产品说明书、商品交易文书,或者将注册商标或者假冒的注册商标用于广告宣传、展览以及其他商业活动等行为。

界定商标使用行为首先要符合并表达商标和商标权的本质属性,也即商标和商标权的性质直接决定商标使用行为的构成。[1]"商标权本质上是商标所有人对特定符号与特定商品或服务信息之间的对应关系的支配权,而不是对商标符号的支配权……商标法保护的是特定符号与特定商品或服务信息之间的对应关系,而不是商标符号本身。"[2]商标侵权的本质便在于对商标权支配效力的损害,包括对商标本身来源识别功能的损害以及商标权人对识别功能支配力的损害。[3]

厦门市思明区人民检察院从商事交易经验及社会常识出发,结合具体案情对本案被告的行为是否构成商标使用行为进行更为全面和深入的分析,认为被告单位及被告人将他人注册商标用于产品包装袋上,对外开展加工定制、产品销售业务,这一行为已经是在商业活动中公开使用他人商标的行为,这一使用行为能够产生识别商品来源的客观效果,实际上造成商标权利人对商标权支配效力的损害,构成商标性使用行为。

检察院在本案的抗诉书中还深入分析案涉行为对市场经济秩序、商标持有人市场地位以及商誉等方面的损害。抗诉书指出,假冒注册商标行为不仅侵犯商标持有人的合法权益,还破坏市场经济的公平竞争秩序,损害消费者的合法权益。同时,假冒注册商标行为还可能导致商标持有人市场份额的减少、品牌形象的受损以及商业信誉的降低等严重后果。因此,案涉行为具有严重的社会危害性,应当受到法律的制裁。

二、检察院办理知识产权案件的进步与启示

在知识产权日益成为国际竞争力的核心要素的背景下,保护知识产

---

[1] 孔祥俊:《商标使用行为法律构造的实质主义——基于涉外贴牌加工商标侵权案的展开》,载《中外法学》2020年第5期。
[2] 刘期家:《商标权概念的反思与重构》,载《知识产权》2009年第4期。
[3] 曹佳音:《支配权视角下的商标侵权混淆可能性研究》,载《知识产权》2016年第4期。

权、打击知识产权犯罪成为司法实践中的重要任务。

(一)精准抗诉,确保案件质量

在本案中,厦门市两级检察机关充分发挥检察一体化优势,接力抗诉,确保案件质量。一审判决以被告单位及被告人没有以商标牟利的犯罪目的为由,否定其存在犯罪故意和商标使用行为,从而作出无罪判决。然而,检察机关敏锐地指出,假冒注册商标罪并非目的犯,不以非法获利为目的作为构成要件。这一观点不仅纠正一审判决在法律适用上的错误,也体现司法理念上的进步,即打击知识产权犯罪不应局限于是否获利,而应更全面地保护商标专用权及商标管理制度,确保市场经济秩序的公平与正义。

检察机关紧扣抗诉重点,严把抗诉标准,深入挖掘案件事实、法理阐述空间以及抗诉理由的充分性。在抗诉过程中,检察机关主动沟通、积极协调,研究解决案件中的疑难问题,为抗诉工作的顺利开展提供了有力保障。

(二)全面把握案情,确保法律适用正确

在办理知识产权案件时,检察机关需要全面把握案情,确保法律适用的正确性。本案在抗诉过程中,检察机关紧扣假冒注册商标罪的构成要件,从主观要素和客观行为两个方面进行深入阐述。一方面,检察机关明确指出,使用人只要客观上实施了在同一种商品上使用相同注册商标的行为,其主观上必然具备相应的明知和希望,从而具备假冒注册商标的行为故意。这一观点有效地驳斥一审判决中关于犯罪故意的错误认定。另一方面,检察机关从商事交易经验及社会常识出发,论证案涉行为在商业活动中使用他人商标必然能够产生识别商品来源的客观效果,从而构成商标法意义上的"商标使用行为"。这一深度说理不仅增强抗诉意见的说服力,也为二审法院采纳抗诉意见提供有力的支持。

(三)积极履行法律监督职能,推动知识产权司法保护发展

作为法律监督机关,检察机关在办理知识产权案件时需要积极履行法律监督职能,推动知识产权司法保护工作的不断发展。本案中,检察机关通过依法提出抗诉、加强与法院的沟通协调、保护各方当事人权益等方式,有效打击侵犯知识产权犯罪行为,切实保障受侵害民营企业的合法权

益。同时,检察机关还通过抗诉工作推动知识产权司法保护工作的不断完善和发展。例如,在本案中,检察机关通过抗诉工作推动法院对商标使用行为认定的深入研究和探讨,为类似案件的审理提供重要借鉴和参考。

(四)加强宣传引导,提升公众知识产权意识

除依法办理案件外,检察机关还需要加强宣传引导工作,提升公众的知识产权意识。本案中,检察机关通过发布抗诉案例、召开新闻发布会等方式,向社会公众普及知识产权相关法律法规和司法解释精神,增强公众对知识产权司法保护工作的认识和了解。同时,检察机关还通过宣传引导工作促进社会各界对知识产权保护的重视和支持,为推动知识产权司法保护工作的不断发展营造良好的社会氛围。

(五)法律监督职能的充分发挥:检察一体化优势凸显

本案的成功办理还离不开厦门市两级检察机关的密切协作和接力抗诉。在案件办理过程中,厦门市人民检察院加强对厦门市思明区人民检察院抗诉工作的指导,紧扣抗诉重点,严把抗诉标准,形成监督合力。这一做法不仅保证案件质量,也有效提高抗诉案件的质效。同时,检察机关在办案过程中主动保护各方当事人权益,多次听取被告单位、被告人及其辩护人以及被害单位意见,切实保障受侵害民营企业的权利,为构建良好的营商环境展现检察担当。

厦门市人民检察院、厦门市思明区人民检察院联合办理的假冒注册商标抗诉案不仅体现检察机关在知识产权案件办理中的专业能力和司法担当,也为同类案件的办理提供宝贵的经验与启示。在未来的司法实践中,应继续秉持精准打击与全面保护并重的司法理念,不断优化抗诉策略和方法,全面把握案情并注重社会效果,充分发挥法律监督职能的优势和作用,为构建良好的营商环境和市场秩序贡献检察力量。

6.龚某某生产、销售伪劣产品案*

【关键词】 农资打假;种业新型知识产权保护;知识产权综合履职;农产品行政公益诉讼

【要　旨】 种子是农业的"芯片",依法惩治涉种子犯罪,净化种业市场是推进种业振兴、农业现代化的重要环节。针对当前种业领域侵权套牌等突出问题,检察机关通过自行补充侦查,在涉种业刑事案件中准确认定农作物品种差异,加大假冒伪劣种子和套牌侵权种子打击力度,坚决维护农民生产经营利益和国家粮食安全。维护外商合法权益,推动育种创新和外商种业商标品牌保护。综合一体履职,针对刑事案件中发现的种业监管中的监督和漏洞,充分发挥公益诉讼检察职能,督促农业行政执法机关切实履行监管职责,为促进国家粮食安全和农业高质量发展贡献法治力量。

【基本案情】

"莎卡达七寸"(编号 SK4-316)是由日本 S 种子株式会社选育并在中国销售的胡萝卜品种,其就该名称进行了注册商标登记。胡萝卜是福建省厦门市翔安区的支柱农产品,2011 年时全区种植面积超 2000 公顷,产量逾十万吨。多年来,翔安区种植的胡萝卜品种约 75% 为 SK4-316,福建

---

* 本案为种业新型知识产权保护、农产品行政公益诉讼案件,办案经验写入最高人民检察院《知识产权检察工作白皮书(2021—2023 年)》。
案件承办人:王珏,系厦门市思明区人民检察院党组成员、副检察长;张挺,系厦门市思明区人民检察院检察官助理。案例撰写人:林璐,系厦门市思明区人民检察院三级检察官;张挺。本文评析人:林秀芹,系厦门大学知识产权研究院院长、教授、博士生导师,法学博士。

省其他县市种植胡萝卜的主要品种也是SK4-316。

2021年9月,龚某某在未取得农作物种子生产经营许可证的情况下,为谋取非法利益,将其他品种的胡萝卜种子冒充"莎卡达七寸"胡萝卜种子,在福建省厦门市翔安区等地销售给林某、郑某、苏某等多名农户,种子销售金额共计人民币71.33万元。上述农户后将种子广泛种植于福建省厦门市、泉州市、莆田市等多处农田中。

上述农户在收获时发现,所种植胡萝卜与"莎卡达七寸"性状差异大,品质明显较差,遂向多地农业农村局报案。经晋江市农业农村局、翔安区农业农村局等行政机关组织专家田间现场鉴定,该胡萝卜品种与"莎卡达七寸"品种差异显著,系不明品种。因上述不明品种胡萝卜品质与"莎卡达七寸"差异显著,农户仅能以较低价格向他人销售,生产遭受损失。经鉴定,农户种植后留下的种子空罐均系假冒注册商标的商品。

【诉讼过程】

因厦门市涉知识产权刑事一审案件由厦门市思明区人民检察院集中管辖,厦门市公安局翔安分局于2022年11月15日将龚某某涉嫌销售假冒注册商标的商品罪一案移送厦门市思明区人民检察院审查起诉。厦门市思明区人民检察院于2023年4月13日以被告人龚某某涉嫌生产、销售伪劣产品罪向思明区人民法院提起公诉。思明区人民法院于2023年10月19日对本案作出一审判决,认可了思明区人民检察院指控的主要事实,认定被告人龚某某构成生产、销售伪劣产品罪,判处有期徒刑八年,并处罚金人民币八十万元,同时禁止被告人龚某某在三年内从事与种子生产、经营相关职业。被告人龚某某上诉后,厦门市中院经开庭审理,于2024年2月1日二审维持原判,现已生效。

厦门市思明区人民检察院在办理刑事案件中发现,翔安区农业农村局未全面履行农产品质量安全监管职责,社会公共利益受到侵害,有必要通过知识产权一体履职提起行政公益诉讼监督。经报请厦门市人民检察院指定管辖,厦门市思明区人民检察院于2023年8月7日对该行政公益诉讼案立案调查,并于2023年11月13日向翔安区农业农村局发出诉前检察建议,要求该局严格依法查处违法行为,全面加强种业监管执法,扎实完善调查取证机制,大力提高知识产权保护意识。2023年12月25日,厦门市思明区人民检察院收到翔安区农业农村局回函,全面采纳、落实厦门市思明区人民检察院建议,并组织专项整改加强监管力度,净化农资市场环境,并邀请检察机关为全区多个相关行政机关授课。

【检察履职情况】

一、多维审查,明确农作物品种差异

本案的办理难点,在于如何认定龚某某实施了以此品种种子冒充其他品种种子的行为,即龚某某销售的涉案种子与正品"莎卡达七寸"并非同一品种。因为胡萝卜种子均外形相似,需要将其种植出实物之后再进行比较,认定品种间差异性存在较大困难。

(一)多专业综合分析,认定特定品种

一是结合品种法律定义厘清方向。根据《种子法》《非主要农作物品种登记办法》的规定,国家只对5种主要农作物和列入登记目录的29种非主要农作物实行品种登记制度,不包括胡萝卜。《福建省非主要农作物品种认定办法》规定,品种认定实行自愿原则。本案中的"莎卡达七寸"并未在农业农村主管部门登记。厦门市思明区人民检察院依据《种子法》《福建省种子条例》《植物新品种保护条例》等法律规章中对品种的定义,借助福建省亚热带植物研究所对胡萝卜优良品种比较试验的多年研究成果,认定"莎卡达七寸"与其他品种相比具有特异性,系一特定胡萝卜品种。

二是运用好知识产权复合型办案方法。通过前期的办案团队建设,厦门市思明区人民检察院在知识产权办案团队中汇聚了具有经济学、国际贸易学、英语等外语、医药学等综合专业人才。审查S种苗(苏州)有限公司提供的英文、日文进口报关单证、检测检疫说明,通过植保植检信息管理系统查看该品种的《国(境)外引进农业种苗检疫审批单》,认定"莎卡达七寸"作为特定品种进口。

三是补充田间现场鉴定和行政机关认定。厦门市思明区人民检察院主动与田间现场鉴定专家沟通,要求专家补充说明"莎卡达七寸"胡萝卜的外观特异性,并以其特异性作为辨别涉案胡萝卜与"莎卡达七寸"胡萝卜是否为同一品种的依据。要求厦门市翔安区、泉州市晋江市、泉州市惠安县三地农业农村局对"莎卡达七寸"胡萝卜的性状出具情况说明,证实"莎卡达七寸"在福建厦门及周边产地表现非常稳定,品质较好,其肉质根近圆柱形,芯肉、皮均呈深红色,表皮光滑、有光泽,即"莎卡达七寸"胡萝卜具有特异性、一致性、稳定性和抗逆性。

(二)多手段科学检测,认定品种差异

一是借助民事规则解疑。认定"莎卡达七寸"是一种胡萝卜品种后,还要查明种植出的胡萝卜不是该品种,但是《刑法》并未规定如何鉴定检验。品种的鉴定在种业民事侵权中也是重大疑难问题,因此《关于审理侵害植物新品种权纠纷案件具体应用法律问题的若干规定(二)》作了具体规定。厦门市思明区人民检察院通过上述规定中的田间观察与基因指纹图谱等分子标记检测法等方法,在刑事案件中适当结合民事裁判规则,巧妙借助民事方法帮助刑事判断。

二是借力科技院校检测。DNA指纹图谱鉴定检测技术是一种常见的分子标记检测方法,简单重复序列(SSR)、单核苷酸多态性(SNP)、多核苷酸多态性(MNP)等分子标记检测方法是判断品种同一性的快速检测方法。厦门市思明区人民检察院主动联系对接农业农村部首批种业打假护权检验机构推荐名单上的20家检测机构,逐家联系询问检测方式方法,了解到胡萝卜并没有基因指纹图谱库可供同一性鉴定,决定采用行业通用方法进行同一性判断。借助福建农林大学的国家级科学实验室,由农林大学教授使用"ISSR"法进行PCR实验,证实DNA存在差异并出具书面报告。

三是强化田间现场鉴定证据效力。厦门市思明区人民检察院通过要求田间鉴定人出具专业性说明、补充对品种差异性认定的详细说明等方式强化证据证明力,并结合DNA鉴定结果,依据田间现场鉴定书中对申请品种的特异性、一致性和稳定性进行实质审查,采信田间现场鉴定书结论。

二、重拳出击,强化刑事治罪效果

农资造假犯罪不仅侵犯国家对农业生产资料的质量监管制度,还直接对农业生产造成损失,影响农业增效、农民增收和农村稳定,具有严重的社会危害性。厦门市思明区人民检察院加大惩处力度,通过司法手段最大限度保护受害农民利益,降低农民损失。

一是自行调查,零口供定罪。本案的被告人龚某某对于销售套牌种子拒不认罪。因其销售种子涉及地域范围广、消费者众多,且从种子种植到胡萝卜成熟经历较长时间,在种子与胡萝卜的同一性方面的侦查取证困难较大。厦门市思明区人民检察院自行调查,加强对电子数据的客观性和关联性审查。本案中,厦门市思明区人民检察院通过对涉案人员和受害农户之间的微信聊天记录、种子收货、检查的视频、种子包衣发芽等过程中双方的交流沟通经过、资金走向等信息进行比对,形成证据闭环,对行为人提出的系采购正品销售的辩解通过补充证据予以排除,综合认定销售数额。

二是强化收集损失证据。本案中因胡萝卜容易腐坏,成熟后需及时采收止损,农户均自行联系收购商低价处理,故无法查明生产遭受损失的实际金额。厦门市思明区人民检察院不仅主动联系翔安区农业农村局组织测量损失面积,还考虑到本案受害农户将涉案种子广泛种植在泉州晋江、惠安等地,多次直接联系晋江市及惠安县农业农村局,补充调取外地受害农户行政报案材料、田间现场鉴定意见、涉案种子种植面积测绘图等证据材料,进一步收集损失证据。

三是精准定罪,从重处罚。因假种子导致损失的具体金额无法认定,厦门市思明区人民检察院依据最高人民法院《关于进一步加强涉种子刑事审判工作的指导意见》,认定本案同时构成生产、销售伪劣产品罪和假冒注册商标的商品罪,并选择依照处罚较重的生产、销售伪劣产品罪定罪处罚,同时当庭建议法院从重处罚,法院认可判处被告人刑期为有期徒刑八年,并处罚金人民币八十万元。

四是从业禁止,强化效果。厦门市思明区人民检察院建议法院依照相关司法解释,对被告人判处从业禁止,以防其再次实施种业犯罪,为后续同类型案件起到较好的示范作用,为种业安全增设"隔离带"和"防火墙",为农业稳产增产、农民稳步增收和农村稳定安宁提供有力司法服务和保障。

三、综合履职,构建大保护工作格局

加强种业知识产权保护,需要从行政执法、司法保护等环节完善保护体系,加强协同配合。检察机关一方面要持续探索知识产权公益诉讼检察监督,督促行政机关主动履职整改,另一方面也要加强与行政机关的衔接与配合。

一是开展知识产权公益保护。厦门市思明区人民检察院在办案中发现,翔安区农业农村局作为农作物种子行政主管部门,未及时对龚某某此前无证经营疑似伪劣农作物种子的违法行为予以查处,未依法对本案部分受害农户种植地块进行面积测绘及田间现场鉴定以全面固定涉案证据,未妥善保存涉案物证,导致龚某某长期经营冒牌种子,无法认定部分受害农户的损失,损害社会公共利益。厦门市思明区人民检察院向翔安区农业农村局发出诉前检察建议,已被采纳并回复。

二是主动走访互动,促进交流。检察机关主动走访移送犯罪线索的翔安区农业农村局,共同召开农资打假与种业监管执法工作座谈会,全面了解该区胡萝卜等农作物种业监管情况。在行政公益诉讼诉前检察建议落实整改阶段,厦门市思明区人民检察院办案检察官在翔安区农业农村局组织的"依法保障农业生产经营参与者合法权益"培训会上,以"提升行刑衔接质效,合力保障农资安全"为题,为农业生产经营参与主体及相关行政机关执法人员进行农资打假普法及规范执法授课,进一步将执法行为规范化、法治化。

三是普法宣传,最大化司法效果。制售伪劣农资的行为,侵犯了众多农民的合法权益,往往在当地相关领域造成恶劣的社会影响。厦门市思明区人民检察院与翔安区农业农村局共同来到该区凤翔街道窗东社区,开展"撑起农产品质量安全'保护伞'"宣传活动,主动展示办理种子案件的做法和成效,引导农户从来源、包装等方面辨别农资真伪,通过正规合法渠道购买种子、化肥、农药等农资。鼓励并指引农户在从事农业生产活动过程中买到假冒农资后,应及时固定证据,向行政主管部门以及公安机关报案维权,最大限度地维护自身合法权益。这一做法既彰显检察机关保障农资安全和农民权益的鲜明立场和坚定决心,也实现"办理一案,治理一片"的社会效果。

【典型意义】

一、切实保障农民收入和农产品质量安全

制售伪劣农资犯罪,一方面关系到和农民生活质量最关切的收入问题,另一方面也和群众的食品安全、粮食安全密切相关,必须依法从严惩处。本案犯罪活动时间长、销售范围广、犯罪数额巨大、受害农户遍及福建且重点危害翔安区的主要经济作物,套牌种子的行为又具有隐蔽性,难以通过肉眼观察予以判断,往往在农作物收成欠佳、品相不佳时才被发现,危害后果已经形成,难以补救。经检察机关依法履职,有效净化农资市场,并向被告人追索损失赔偿,维护广大农民群众的切身利益。

二、知识产权综合履职,加强诉源治理

知识产权综合履职,意在通过"四大检察"相互支撑、一体协同和贯通融合,实现知识产权检察全方位保护。强化行政保护与司法保护的有效衔接、优势互补。通过行政机关的先行查处,利用测绘、无人机拍摄等手段,及时固定侵权证据,有利于形成行政和司法保护合力。针对案件反映出的种业生产、销售行政监管中存在的制度漏洞和执法薄弱环节,制发检察建议,助推行政监管机制更为完善。

三、保护外商合法权益,优化营商环境

本案所涉外商系日本知名企业,在蔬菜、观赏植物种子领域处于世界领先地位,是世界性的种苗公司。检察机关主动与其取得联系,认真听取意见并向其调取证据,获得外商好评。厦门市思明区人民检察院还帮助该公司对接翔安区农业农村局开展业务座谈会,探讨关于如何综合运用植物新品种、专利、商业秘密、注册商标等多种知识产权保护手段。

【案例评析】

一、生产、销售伪劣商品犯罪的法律适用逻辑

《刑法》第147条规定,生产假农药、假兽药、假化肥,销售明知是假的或者失去使用效能的农药、兽药、化肥、种子使生产遭受较大损失的,处三年以下有期徒刑或者拘役,并处或者单处销售金额百分之五十以上二倍

以下罚金。《种子法》第48条和最高人民检察院检例第61号(王敏生产、销售伪劣种子案)的裁判要旨均指出,以此种种子冒充彼品种种子,属于法律及刑法意义上的"假种子"。《最高人民法院、最高人民检察院关于办理生产、销售伪劣商品刑事案件具体应用法律若干问题的解释》(法释〔2001〕10号)第7条规定,生产、销售伪劣农药、兽药、化肥、种子罪中"使生产遭受较大损失",一般以二万元为起点。

本案中,厦门市思明区人民检察院借助专业研究机构的研究并要求田间现场鉴定专家及行政机关出具情况说明,相互印证后最终认定"莎卡达七寸"系具有特异性、一致性、稳定性和抗逆性的特定胡萝卜品种。再对被告所提供的品种进行DNA鉴定,结合田间鉴定人的说明,最后认定二者存在品种差异,确定被告"以假充真"。然行政部门怠于履职导致部分物证损毁,因而无法认定具体的损失。虽被告实施了生产销售假种子的行为,但难以证明具体的损失,无法依照生产、销售伪劣种子罪对被告定罪处罚。厦门市思明区人民检察院依照《刑法》第149条及最高人民法院《关于进一步加强涉种子刑事审判工作的指导意见》(以下简称《指导意见》)的有关规定,以销售金额为抓手,依据生产、销售伪劣产品罪定罪处罚。厦门市思明区人民检察院认定被告同时构成销售假冒注册商标的商品罪。根据《指导意见》的规定,选择判罚较重的生产、销售伪劣产品罪定罪处罚。就二者之间的关系,有学者认为构成牵连犯,[1]有学者认为构成想象竞合,[2]但均认为应当处以一罪。厦门市思明区人民检察院准确地把握法律适用的逻辑,在注册商标专有权及农民利益之上形成恢恢法网,有效地打击涉种子的违法犯罪,有力地维护粮食安全。

二、从业禁止制度的针对性适用

《中华人民共和国刑法修正案(九)》所增设的从业禁止制度一经设立便引发了广泛地讨论,有学者认为其属于一项新的刑罚种类,也有学者认为其属于保安处分措施。根据其条文设置的位置,其应当属于一种非刑

---

[1] 高铭暄、马克昌主编:《刑法学》,北京大学出版社2019年版,第369页。
[2] 张明楷:《刑法学》,法律出版社2021年版,第1067~1068页。

罚性处置措施。立法机关指出,其并非新刑种的增设,而是从预防犯罪,保障公共利益角度出发所采取的一种预防性措施。① 至此,从业禁止制度便与前科制度、禁止令制度形成以行为人之人身危险性为基础,基于预防犯罪保障社会公共利益为共同目的的三位一体的双轨制规制格局。② 但从业禁止制度也有自己的特点,即在前提及适用范围领域具有很强的针对性。③ 如此可对利用职业便利实施的犯罪行为对症下药实现更好的预防效果。

根据《种子法》和《非主要农作物品种登记办法》的规定,胡萝卜不属于需要登记的品种。《种子法》第31条规定,只从事非主要农作物种子生产的,不需要办理种子经营许可证。有关规定也在司法实践中得到落实④,如在尹某与何某国买卖合同纠纷一案中,法院指出因《种子法》只限制主要农作物应当办理种子生产经营许可证,蔬菜种子不在其列,因此何某国出售种子的行为并未违反法律、法规的强制性规定。⑤ 但是,此时若不对本案被告人加以限制,日后其完全有可能再次销售假种子。在曾某、臧某生产、销售伪劣产品一案中,法院便禁止销售不合格化肥的曾某及臧某在刑罚执行完毕之日起三年内从事农资生产、销售及相关活动。⑥ 类案在前,为预防犯罪,坚决维护农民生产经营利益,避免粮食安全受损,此案亦有实施从业禁止的空间。考虑到这一点,检察院建议根据《刑法》的有关规定,禁止被告人从事涉种子生产、经营的相关职业,实施从业禁止,以避免其再对农民利益有所损害。

---

① 《臧铁伟:"禁止从事相关职业三到五年"不是新刑种》,http://npc.people.com.cn/n/2015/0829/c14576-27531225.html,最后访问时间:2024年11月1日。
② 于志刚:《从业禁止制度的定位与资格限制、剥夺制度的体系化——以〈刑法修正案(九)〉从业禁止制度的规范解读为切入点》,载《法学评论》2016年第1期。
③ 童策:《刑法中从业禁止的性质及其适用》,载《华东政法大学学报》2016年第4期。
④ 河南省虞城县人民法院(2022)豫1425民再1号民事判决书、黑龙江省黑河市中级人民法院(2023)黑11民终345号二审民事判决书。
⑤ 湖北省荆州市中级人民法院(2023)鄂10民终1274号二审民事判决书。
⑥ 河南省舞阳县人民法院(2023)豫1121刑初71号一审刑事判决书。

三、行政公益诉讼中检察权与行政权的良性互动

《中共中央关于全面推进依法治国若干重大问题的决定》中提出,要"探索建立检察机关提起公益诉讼制度"。最高人民检察院公布《检察机关提起公益诉讼改革试点方案》,并根据检察权在民事及行政领域的行使差异,以及国家利益及社会利益保护的不同需求设计了不同的诉前程序。① 《行政诉讼法》、《最高人民法院、最高人民检察院关于检察公益诉讼案件适用法律若干问题的解释》(法释〔2020〕20号)、《人民检察院公益诉讼办案规则》(高检发释字〔2021〕2号)等法律及司法解释总结了试点经验并且进一步细化。至此,我国的行政公益诉讼形成检察机关"诉前程序+提起诉讼"的双轨制模式。② 其中,就诉前程序的设立,有学者指出其一方面有效地节约司法成本,提高检察监督的效益;③另一方面,也在承认分工的基础上,体现检察权、司法权对行政权的尊重和自身的谦抑,有助于发挥行政机关自我纠错、主动履职的能动性。④ 有关调查也证实诉前程序系一项卓有成效的制度创新。⑤

在本案中,厦门市思明区人民检察院通过被告人生产、销售伪劣产品一案发现有关行政主管部门怠于履职致公共利益受损害。因此厦门市思明区人民检察院推动行政公益诉讼,依照法律规定向有关部门发送诉前检察建议,要求有关部门严格依法查处违法行为,全面加强种业监管执法。有关机关按时回函,全面采纳、落实检察建议。因此无须进一步提起行政公益诉讼。此后检察机关主动走访并与有关行政机关进行互动,召

---

① 刘艺:《检察公益诉讼的司法实践与理论探索》,载《国家检察官学院学报》2017年第2期。

② 沈开举、邢昕:《检察机关提起行政公益诉讼诉前程序实证研究》,载《行政法学研究》2017年第5期。

③ 湛中乐:《正确厘清行政公益诉讼四个方面认识》,载《人民检察》2015年第14期。

④ 胡卫列、迟晓燕:《从试点情况看行政公益诉讼诉前程序》,载《国家检察官学院学报》2017年第2期。

⑤ 沈开举、邢昕:《检察机关提起行政公益诉讼诉前程序实证研究》,载《行政法学研究》2017年第5期。

开执法座谈会,为有关执法人员授课。通过机关之间的良性互动,有效地缓解诉前检察建议的单向性与封闭性,推动行政公益诉讼向双向化、开放化发展,为下一步发展行政公益诉讼提供有益的参考。[①]

[①] 秦天宝、杨茹凯:《论行政公益诉讼中检察权与行政权良性互动之路径建构——以诉前程序的改良为视角》,载《江苏行政学院学报》2023年第4期。

7.林某某侵犯商业秘密案[*]

【关键词】 商业秘密技术性证据专门审查；会计审查辅助损失金额认定；联合调查取证；平等保护台企

【要　旨】 商业秘密案件中的电子数据及时取证、同一性鉴定、非公知性鉴定、侵权比例认定、利润贡献率认定、被侵权产品的合理平均利率认定等问题一直是司法实践中的技术难点。本案找准切入点，在检察技术全程参与支持下，市区两级检察院接力一审、二审，针对技术信息类商业秘密案件中秘密认定难、证据收集难、损失数额计算难等重点关隘，把握取证过程的规范性、鉴定方法的科学性和鉴定意见的准确性，追加认定损失金额至人民币6900万元。切实平等保护台胞商业秘密权利人利益，积极回应台胞、台企在知识产权保护领域司法需求的新期盼，率先同台湾同胞分享中国式现代化发展机遇。

【基本案情】

被害单位厦门D电子有限公司（以下简称D公司）成立于1999年3月，系台商投资企业，注册地位于厦门市湖里区，主要从事电子衡器标签秤、税控收款机等系列产品的科研、开发、生产及经营。D公司依托台湾D科技有限公司1984年以来的研发积累，已成为一家集科研、开发、生产、经营于一体的高科技企业，是国内最大的税控收款机出口工厂，年产电子秤、收款机等产品达100万台以上，其中60%产品出口欧美、中东、

---

[*] 案件承办人：王珏，系厦门市思明区人民检察院党组成员、副检察长；林璐，系厦门市思明区人民检察院三级检察官。检察技术主办人：刘芳婷，系厦门市人民检察院检察技术信息部四级调研员。案例撰写人：林璐。本文评析人：罗立国，系厦门大学知识产权研究院副教授、硕士生导师，管理学博士。

东南亚等国家和地区。企业多次获评"国家高新技术企业""中国轻工衡器行业十强企业"等称号,"D"商标也被评为"福建省著名商标""福建名牌产品"。

D公司自1999年成立时起,自主研发并持续开发广泛运用于各大商超的条码标签秤系列产品。D公司对其条码标签秤产品上、下位机源代码之技术信息采取一系列保密措施,包括:制定公司保密制度,与公司职员、客户签订保密协议,软件开发环境网段隔离、物理隔离、权限隔离等。被告人林某某于1999年至2013年2月、2013年4月至2014年12月就职于D公司,担任公司韧件部下位机工程师,负责参与D公司条码标签秤产品下位机软件的研发与升级维护。林某某在D公司工作期间,利用工作便利,非法窃取D公司条码标签秤产品上、下位机源代码并带出公司。

之后,林某某从D公司辞职,并于2015年1月1日入职R公司,担任R公司条码标签秤研发项目软件部分负责人。林某某将其从D公司窃取的标签秤上、下位机源代码根据R公司的需求进行简单修改,编写形成R公司的条码标签秤产品上、下位机软件程序。经中国信息通信研究院鉴定,D公司的标签秤上、下位机软件源代码在鉴定日2021年4月23日之前不为公众所知悉。经中证司法鉴定中心鉴定,R公司标签秤产品上、下位机源代码与D公司标签秤产品上、下位机源代码存在代码、信息或现象的相同或基本相同。D公司2015年度电子标签秤营业利润为18428092.41元,标签秤共计销售数量16280台,平均利润为1131.95元/台。截至2020年8月17日,R公司使用上述软件程序生产销售的RSL系列条码标签秤产品共计60477台。据此,被害单位D公司的损失数额为68456940.15元。

【诉讼过程】

2019年10月17日,D公司法定代表人钮某某到厦门市公安局经侦支队报案,称公司标签秤上、下位机源代码之商业秘密被窃取造成公司重大损失。2020年8月18日,被告人林某某在位于厦门市同安区新民大道某地的R公司被抓获归案。厦门市思明区人民检察院于2021年6月

8日以林某某涉嫌侵犯商业秘密罪向厦门市思明区人民法院提起公诉。厦门市思明区人民法院于2022年8月9日作出一审判决,厦门市中级人民法院于2022年12月12日裁定发回重审。厦门市思明区人民法院于2023年11月29日重新作出一审判决,判决被告人林某某犯侵犯商业秘密罪,判处其有期徒刑三年十一个月,并处罚金人民币十五万元。厦门市中级人民法院于2024年4月11日作出终审裁定,现已生效。

【检察履职情况】

一、技术支持,强化前期调查研判

检察机关在侦查初期就主动接触案件,针对商业秘密类刑事案件的取证难点、技术鉴定难点等问题,充分发挥技术支撑作用,立即邀请厦门市人民检察院检察技术信息部检察技术人员参与办案,开展涉案商业秘密技术内涵、标准规范等资料的梳理及前期研究工作。通过查看企业产品详细说明书近千页,翻看企业条码电子秤研发过程记录资料,查阅企业项目组成立说明、研发过程记录、软件测试记录等材料,沉浸式体验企业持续研发过程。在熟悉掌握企业被侵权商业秘密的性质和用途过程中,发现企业被侵犯的是其电子秤上的"上位机""下位机"源代码,属于台胞企业四十余年来持续开发运用的软件源代码。该源代码处于行业领先水平,市场占有率高,具有极高的商业价值,更加需要平等保护。同时,在福建省检察技术信息部的指导下,检察官与检察技术人员实地走访多家省内相关科技企业、调研权利人应用的安全认证系统和"网段隔离"等技术保护措施,了解技术措施的运行原理、技术研发工程师人员的管理模式,上、下位机代码工程师的职责,查明权限认证,研判技术泄密的可能路径。

二、引导侦查,电子证据固定及时

基于前期的技术调研,检察官与检察技术人员共同审查、识别源代码中的特殊标志,协同企业归纳总结多处早已写入源代码的"暗码",助力后续证据搜查及同一性比对。为全面收集证据,在抓捕被告人之前邀请检察技术人员与公安机关共同进行"沙盘演练",引导公安机关在收网时第一时间对被侵权公司的工程师电脑、服务器等进行查扣,做到人机分离,避免涉案数据被人为修改、删除等。因电子数据具有可删除、可复制、易被篡改等特征,仅通过截图后直接打印等方式取证在后续诉讼环节中无法保证证据原始性和完整性,易产生证据不被采信等问题。具备电子证据鉴定资质的检察技术人员通过技术协助,及时提示公安机关进行规范电子数据提取和固定,并通过生成"哈希值"等方式,确保取证固定的相关电子数据转化为可直接用于后续诉讼环节的证据,并通过询问侵权公司全部工程师,详细了解侵权公司对侵权源代码的迭代、修改,建立侵权公司源代码与权利人公司源代码的关联关系,有效解决电子证据取证环节规范性和关联性问题。

三、会计审查,大幅追加侵权数额

商业秘密案件中的损失数额计算,长期以来都是类案争议焦点。检察官与检察技术人员坚持不懈,全流程强化对损失数额认定的技术支撑,最终获得法院认可。(1)通过技术软件精准认定侵权数额。公安机关移送审查起诉时,仅根据税控发票系统开票数额认定20000台产品侵权。检察技术人员协助检察官研判发现侵权企业使用"出货管理软件系统"(ERP系统),详细记录公司产品采购、销售情况,可以准确体现侵权标签秤产品的销售情况,包括数量、型号、金额等。通过对ERP系统的电子数据进行提取、计算后,追加认定侵权产品销售数量为60477台,对D公司造成的损失追加认定至6900余万元。(2)强化对本案司法审计报告的会计技术审查。通过对审计报告的审计方法进行专门审查,从成本鉴定方法是定额成本法还是实际成本法、企业净利润计算与税法规定是否相符、是否考虑收入成本配比原则等角度出发,判断会计人员提出的"成本法""校正法"等计算方法是否公平、公正、恰当。在发回重审期间,要求审计机关出具补充审计说明,准确认定企业每台产品的平均损失,最大限度定损,帮助企业挽回损失。(3)充分考虑案件中的技术贡献率问题。结合企业技术领先,软硬件不可分割等特点,针对侵权公司律师提出的技术贡献率只能认定为2%~3%的意见进行强有力的驳斥,充分运用"替代法"等理论维护权利人的合法利益,认定技术贡献率为100%,获得法院一审、二审判决、裁定支持。

四、专门审查,强化鉴定证据判断

针对非公知性鉴定开展技术性证据专门审查,不轻信、不盲从鉴定机构意见。在审查侵权源代码和权利人源代码是否为同一过程中,检察官与检察技术人员也共同发现多处代码存在实质相同,但因为侵权公司实施改变名称、添加后缀、多设置层级文件夹等方式,导致同一性鉴定软件无法自动识别,而未体现相似。同时,结合侵权公司迭代源代码的过程和方法,部分源代码虽然变化较多,但溯源沿革相同,也应认定相似。因此,与鉴定机构就鉴定方法进行沟通,并要求进行补充鉴定后,同一性比例大幅提升,更有效地认定权利人被侵权的程度。

五、创新方法,保障台胞企业诉讼参与权

保障权利人企业阅卷、提供证据材料、发表诉讼意见及出庭等权利。邀请台胞检察联络员在本案中作为知识产权保护志愿者,参与辅助性工作和见证相关执法活动。针对台胞权利人要求挽回损失的民事诉求,推动召开福建省知识产权刑事及民事诉讼研讨会,邀请福建省三级检法机关共同参与,对知识产权刑事附带民事诉讼开展探索性研讨,为后续企业开展民事诉讼追赃奠定良好基础。

【典型意义】

一、充分发挥技术支撑作用,破解商业秘密案件技术证据审查难题

商业秘密被侵权的范围和损失金额经常因难以被量化和固定而无法付诸刑事追诉。如何准确认定和测量商业秘密相关数据的相关法律制度尚不完善,调查取证也没有经验可供借鉴。检察官和检察技术人员组成办案组协同办案,通过反复研究制定调查方案,全流程依托技术支撑调查取证,从保密措施、密点认定,到鉴定意见审查及侵权金额计算,让商业秘密的技术性可观可感,为解决商业秘密受损事实及损失金额的认定关键难题,构想、实践出一套全流程检察技术支持方案。

二、全面落实证据裁判规则,提高对鉴定意见等技术性证据的审查判断能力

《人民检察院刑事诉讼规则》第220条要求,检察人员应当审查鉴定意见,必要时可以进行补充鉴定或者重新鉴定。商业秘密中的同一性鉴定、非公知性鉴定、利润贡献率认定等重要技术性证据具有较高的专业技术门槛和识别难度,同时又对案件定性及损失认定至关重要。通过检察

技术支撑强化对上述技术性证据的科学审查,不仅全面落实对全案证据进行审查判断的要求,也最大限度地减少被侵权企业在知识产权刑事案件中的诉讼负累,有效提升检察机关的办案质效。

三、最大化延伸司法服务,平等保护两岸同胞合法权益

坚持开展送法进企业调研及诉后回访活动,以案说法,充分运用厦门市人民检察院、厦门市人民政府台湾事务办公室、厦门市市场监督管理局等单位共建的"台胞参与社会治理的协同支持机制",建议台胞企业树立"事先防范为主,事后救济为辅"的知识产权风险防范理念,针对企业商业秘密保护过程中体现出的管理漏洞,提出有针对性的具体建议。围绕台企需求,加大司法供给力度,提升台胞的司法获得感和满意度。

【案例评析】

在数字化浪潮下,技术秘密的保护不仅关乎企业的核心竞争力,还是维护市场秩序、促进创新发展的重要基石。特别是在涉及台胞投资企业的案件中,如何精准判断商业秘密的技术密点、加强技术性证据的审查工作,以及全面保障台胞企业的诉讼权利,成为检察机关面临的重要课题。基于本案情况,从技术秘密中"秘密点"的判断、加强技术性证据的审查工作和保障台胞企业的诉讼权利等角度开展分析。

一、精准判断技术秘密的密点

(一)划定技术密点的范围

《最高人民法院关于审理侵犯商业秘密民事案件适用法律若干问题的规定》(法释〔2020〕7号)第1条明确规定,与技术有关的算法、数据、计算机程序及其有关文档等信息,属于商业秘密保护的客体。在我国法律保护的语境下,商业秘密必须满足"三性",即秘密性、价值性和保密性。其中秘密性的判断,又可称为非公知性判断,是划定技术密点范围的难点。

理论上对"非公开性"的把握,不同的学者各持己见,具体可以分为

"绝对论"和"相对论"两种。[①] 持"绝对论"的学者认为,技术密点必须是排除所有公开信息的独特组成,一旦技术密点含有公知信息就不属于商业秘密的保护范畴。这一观念近似于专利法中的绝对新颖性判断,要求在检索技术信息时与外部数据资源不能重叠。持"相对论"的学者则主张,就算使用了公开信息,但只要经过了劳动重新组合和排列,仍然具备非公知性,可以构成技术密点。实践中,不同法院也呈现出不同的裁判态度。在"北京龙软科技公司案"[②]中,法院严格限制技术密点的范围,对于已被公开或结合一般常识和行业惯例容易得到的内容都排除在保护范围以外。而在"深圳智搜信息技术公司案"[③]中,法院对虽为公开模型,但是经原告独立研发、优化选择的算法予以承认,认定该技术密点构成商业秘密。

针对鉴定机构对涉案商业秘密中的部分开源代码认定为公知的情况,检察官、检察技术人员充分与鉴定人讨论、询问权利人,发现权利人的源代码虽然使用部分开源代码,但通过其构思设计的重新组合或修改,一样具有独创性,实质审查应认定为非公知信息,更有利于保护知识产权创作,获得鉴定人认可。

回到本案中,鉴定机构与办案人员所得结论的差异,也反映了对技术密点保护范围理解的分歧。鉴定机构对涉案商业秘密中的部分开源代码认定为公知信息,就是采用了"绝对论"判断。这种严格剔除公开信息的做法,会限缩对商业秘密权利人的保护范围,不利于鼓励大众创业、万众创新。而检察人员认为D公司虽使用部分开源代码,但通过构思设计的重新组合或修改体现出独创性,应当认定为非公知信息。这一做法较好地划定技术密点的范围,肯定重新组合所蕴含的客体价值,更有利于捍卫权利人在商业秘密层面的合法权益。

(二)严格技术密点的比对

司法实践中对于商业秘密侵权的认定通常采用"接触+实质性相

[①] 彭飞荣:《论算法作为商业秘密的侵权认定》,载《浙江社会科学》2023年第6期。
[②] 北京知识产权法院民事判决书(2017)京73民初1259号民事判决书。
[③] 深圳市中级人民法院(2021)粤03民初3843民事判决书。

同一合法来源抗辩"的规则。其中由于算法代码的复杂性,实践中对于技术密点是否构成实质性相同呈现出两类看法。一类认为技术密点的对比对象为"表达"。在"美微客互联网公司案"①中,法院指派技术调查官对涉案双方的技术密点进行一致性比对、编译和抽样比对,发现双方的技术密点在结构和表达上有明显区别,从而不构成相似。这种偏向于"表达"方式的比对,在判断方式上更为简单和机械,导致结论具有片面性。另一类认为技术密点的对比对象为"思想"。如在"北京理正软件公司案"②中,鉴定机构对于仅有语言形式上的修改,但是逻辑性、功能性内容不变的程序代码,都认定为实质相同或部分相同,法院对此事实结论也予以认可。据此可知,对思想和表达侧重程度不同,会导致实质性相同的判断标准有所差别。

在审查侵权源代码和权利人源代码是否为同一过程中,检察官与检察技术人员共同发现多处代码存在实质相同,但因为侵权公司实施了改变名称、添加后缀、多设置层级文件夹等方式,导致同一性鉴定软件无法自动识别,从而未体现相似。同时,结合侵权公司迭代源代码的过程和方法,部分源代码虽然变化较多,但溯源沿革相同,也应认定相似。

本案中,检察人员发现被诉 R 公司的源代码与 D 公司的源代码存在实质性相同,故要求鉴定机构调整鉴定方法,进行补充鉴定。这一做法更侧重于"思想",即对表达进行一定程度的抽象后再进行比较。这种判断标准更有利于规制剽窃行为。

二、加强技术性证据的审查工作

根据《人民检察院刑事诉讼规则》(高检发释字〔2019〕4 号)第 220 条的规定,对于鉴定意见,检察人员应当进行审查,必要时可以进行补充鉴定或者重新鉴定。对技术性证据进行审查有利于发挥纠错功能,避免瑕疵或者错误鉴定,为检察办案提供证据和技术支持。③ 一般而言,需要审

---

① 最高人民法院(2020)最高法知民终 1099 号民事判决书。
② 最高人民法院(2020)最高法知民终 1638 号民事判决书。
③ 邬颖怡:《检察机关技术性证据审查制度研究》,载《证据科学》2022 年第 4 期。

查的技术性证据主要有五大类,分别是法医鉴定、文件鉴定、痕迹鉴定、司法会计鉴定、电子证据。

然而在实际操作过程中,落实技术性证据审查的情况并不乐观。据调查显示,并非所有的检察院业务部门都进行了技术性证据审查,在开展审查的部门中,实际送审率也只有76%左右,而在送审的证据门类中,又以电子证据为最少,仅占1‰。[1] 不仅如此,在审查中也存在不够全面、不够深入的问题,集中表现在鉴定意见错误、适用条款错误、鉴定依据不足、遗漏鉴定依据、程序不合法等问题。其中鉴定意见错误占比最大,达到33.3%。

对鉴定意见完整的审查应当围绕三个部分展开。[2] 首先,鉴定主体是否适格。委托鉴定的事项应该符合鉴定机构的业务范围,并且鉴定人员不存在应当回避的情形。根据《刑事诉讼法》、《人民检察院刑事诉讼规则》(高检发释字〔2019〕4号)的规定,对侦查机关移送证据进行审查后,发现公安机关委托的鉴定机构、社会类鉴定机构不具有鉴定资质的、鉴定人不具有鉴定资格而出具鉴定意见的,检察机关可以直接将该类证据材料定性为非法证据予以排除。其次,鉴定材料是否具备客观性。检材应当真实、完整、充分,检材的取得应当合法,与原始材料一致等。最后,鉴定方法和结论是否合理。鉴定过程应该符合国家标准和行业规范,分析论证以及引用的标准应当适当,形成的鉴定意见应当科学合理。

在该案件中,办案人员严格遵照身份要求,安排具有电子证据鉴定资质的检察技术人员进行电子证据的提取和固定,保障了电子证据的证明力。因为电子数据的特殊性,公安机关通过生成"哈希值"的方式,妥善固定证据,保证证据的原始性和完整性。与此同时,检察人员严格落实审查责任,对鉴定机构运用AI软件生成的鉴定意见进行实质审查,有效避免瑕疵的鉴定意见对案件裁判可能造成的不利后果。

---

[1] 王昌奎、王勐视:《检察机关技术性证据审查机制实证研究》,载《中国刑事法杂志》2014年第2期。

[2] 宋建立:《商业秘密案件办理的若干热点与难点》,载《人民司法》2022年第34期。

三、全面保障台胞企业的诉讼权利

本案的被害单位 D 公司系台商投资企业。在全面促进两岸经济文化交流合作的过程中，人民法院高度重视并全面保障台湾同胞及其企业在大陆的诉讼权利，并通过一系列法律文件和司法实践，确保台胞企业在大陆的合法权益得到充分保护。

(一)法律文件明确规定台胞诉讼权利

《中华人民共和国台湾同胞投资保护法》第 2 条、第 3 条明确规定，台湾同胞投资者在其他省、自治区和直辖市的投资，以及投资收益和其他合法权益，均受国家法律保护。最高人民法院《关于审理涉台民商事案件法律适用问题的规定》(法释〔2020〕18 号)第 2 条进一步强调，台湾地区当事人在人民法院参与诉讼时，享有与大陆当事人同等的诉讼权利和义务，其合法权益受法律平等保护。

在司法实践层面，2019 年 3 月，最高人民法院出台为深化两岸融合发展提供司法服务的"36 条措施"[①]，其中有 12 条措施涉及全面保障台湾同胞的诉讼权利，涵盖从管辖、立案、庭审、执行到文书送达、调查取证等各个环节。作为两岸交流合作先行区，福建省高级人民法院也发布司法惠台"59 条措施"[②]。"59 条措施"明确保障台湾同胞在诉讼活动中与大陆同胞诉讼地位平等、法律适用平等、法律责任平等，并充分考虑海峡两岸风俗习惯差异，提出切实维护台胞平等诉讼权利的 17 条具体举措，对包括台胞参加诉讼提供身份证明、授权委托、申请缓减免交诉讼费用、申请司法救助、提供法律援助、送达司法文书等一系列事项作出规定。

(二)邀请台胞参与司法工作

邀请台胞检察联络员在本案中作为知识产权保护志愿者，参与辅助

---

① 最高人民法院:《关于为深化两岸融合发展提供司法服务的若干措施》的通知，http://gongbao.couRt.gov.cn/Details/f2b22f4D6b0b021e188380D1Dcef27.html，最后访问时间:2024 年 10 月 21 日。

② 福建省高级人民法院:关于进一步发挥司法职能促进两岸经济文化交流合作的若干措施，http://www.fjtb.gov.cn/special/huitai/fjszbm/201912/t20191226_12228245.htm，最后访问时间:2024 年 10 月 21 日。

性工作和见证相关执法活动。针对台胞权利人反映要求挽回损失的民事诉求,推动召开福建省知识产权刑事及民事诉讼研讨会,邀请福建省三级检法机关共同参与,对知识产权刑事附带民事诉讼开展探索性研讨。

为鼓励台胞有序参与司法工作,法律文件提出积极探索吸纳台胞担任司法辅助人员及其他工作人员、聘请台胞担任人民法院联络员和人民法院监督员等,努力搭建两岸司法交流合作平台,为广大台湾同胞参与、见证、支持、监督人民司法创造条件。不仅如此,"59条措施"也强调对涉台案件的高效审理和便捷服务,通过设立专门审理涉台案件的审判庭、合议庭或审判团队,实现对涉台专业审判全覆盖。这些措施不仅有助于提升涉台司法的公正性和透明度,也增进两岸同胞之间的了解和互信,为促进两岸融合发展提供有力司法保障。

商业秘密保护,作为市场经济公平竞争的基石与企业创新发展的命脉,于台胞投资企业尤显关键。检察机关需精准把握商业秘密特性,强化技术性证据审查的科学性与严谨性,并全方位保障台胞企业诉讼权益,促进两岸经济互信与合作。在全球化与数字经济浪潮中,持续探索商业秘密保护新路径,为构建稳定繁荣的商业生态、推动两岸经济共融发展贡献力量。

8.沈某甲等二十人非法制造、销售非法制造的注册商标标识案[*]

【关键词】 非法制造、销售非法制造的注册商标标识；引导侦查；追诉漏犯

【要　旨】 办理非法制造、销售非法制造的注册商标标识案件，因参与实施犯罪人员众多，应注意关注是否遗漏罪犯未被追诉，同时结合各被告人所实施的具体犯罪行为、非法所得数额、犯罪时间长短等因素，全面完整收集在案证据，综合判断犯罪行为的社会危害性，依法准确指控犯罪，确保罪责刑相适应。

【基本案情】

2018年年底，被告人沈某甲、沈某乙、洪某某为牟取非法利益，共谋开办印刷厂，非法印制含有他人注册商标标识的假冒卷烟外盒。被告人沈某甲等人购置用于印制假冒卷烟外盒所用的晒版机、印刷机等机器设备后，先后雇佣被告人沈某丙、沈某林等十多名工人，于2018年12月至2019年10月间，在厦门市同安区新民镇租用他人厂房，共同非法印制"红旗渠""红塔山"等多个知名品牌的卷烟外盒，而后将印制好的假冒卷烟外盒打包装箱后通过物流发往各地。被告人张某某明知沈某甲等人非法印制卷烟外盒，仍将其位于厦门市同安区新民镇的厂房出租，并提供运输等帮助，非法获利数万元。被告人许某某、沈某丙、陈某某为谋取非法

---

[*] 本案获评全省检察机关优秀侦查监督案件。
案件承办人：王珏，系厦门市思明区人民检察院党组成员、副检察长；林翔，系厦门市思明区人民检察院检察官助理。案例撰写人：林翔。本文评析人：杨正宇，系厦门大学知识产权研究院助理教授，硕士生导师。

8.沈某甲等二十人非法制造、销售非法制造的注册商标标识案

利益,明知被告人沈某甲等人非法印制卷烟外盒,仍为其提供运输帮助。

2019年10月31日,厦门市公安局湖里分局联合烟草执法部门在厦门市同安区新民镇查获一假烟标识印刷工厂,现场抓捕涉案人员20余人,并缴扣大量"红旗渠""红塔山""黄鹤楼"等知名品牌的假冒卷烟外盒包装成品和半成品,经清点上述卷烟外盒上共包含2254652件注册商标标识,同时被查获的还有用于非法印制卷烟外盒的晒版机、印刷机、冲模机及印刷胶片、印刷模板等工具。经各注册商标权利人认定,上述卷烟外盒上的商标标识均系未经授权、擅自生产制造的商标标识。

【诉讼过程】

2019年10月31日,依公安机关商情,厦门市思明区人民检察院提前介入侦查。2019年12月5日,厦门市思明区人民检察院以涉嫌非法制造、销售非法制造的注册商标标识罪批准逮捕沈某甲、沈某乙、洪某某等16人。2020年2月6日,公安机关将沈某甲、沈某乙、洪某某等16人涉嫌非法制造、销售非法制造的注册商标标识罪向厦门市思明区人民检察院移送审查起诉。经厦门市思明区人民检察院追诉,2020年5月27日、2021年5月26日,公安机关先后将沈某丙、陈某某、吴某甲、吴某乙4名漏犯向厦门市思明区人民检察院移送审查起诉。2020年6月4日、2020年6月16日、2021年6月15日,厦门市思明区人民检察院先后对被告人沈某甲等20人提起公诉。2021年11月1日,思明区人民法院判决支持检察机关指控的全部犯罪事实,采纳检察机关提出的量刑建议,对被告人沈某甲等20人以涉嫌非法制造、销售非法制造的注册商标标识罪作出有期徒刑一年至四年三个月不等、并处罚金的判决,该判决经二审裁定维持,现已生效。

【检察履职情况】

一是提前介入。2019年10月31日,厦门市公安局湖里分局联合烟草执法部门在厦门市同安区新民镇查获一假烟标识印刷工厂,现场抓捕涉案人员20余人,扣缴大量印制卷烟标识的作案工具及各种品牌卷烟标识。因涉案人员众多,案情复杂,依公安机关商情,厦门市思明区人民检

察院介入侦查,引导公安机关及时、合法、完整查扣涉案物证,依法开展同案犯辨认,确定了尽快厘清各涉案人员所实施犯罪行为的主要侦查方向,为全面查清案件奠定基础。

二是审查逮捕。2019年11月29日,厦门市公安局湖里分局以犯罪嫌疑人沈某甲、沈某乙、洪某某等16人涉嫌非法制造、销售非法制造的注册商标标识罪向厦门市思明区人民检察院提请批准逮捕。针对部分嫌疑人系出资人、司机、房东身份,未具体实施非法印制卷烟标识行为,提出主观不明知的无罪辩解。检察机关引导侦查人员补充讯(询)问10余人次,调取银行流水记录等书证,通过核实同案犯指认、证人证言,梳理出资人同时参与寻找工厂地点、商谈租金,厂房房东借为工人煮饭、通过闲聊了解印刷厂工作内容等案件事实,依法认定嫌疑人辩解不能成立,对全案16人均作出批准逮捕决定。

三是审查起诉与出庭公诉。2020年2月6日,厦门市公安局湖里分局以犯罪嫌疑人沈某甲、沈某乙、洪某某等16人涉嫌非法制造、销售非法制造的注册商标标识罪向厦门市思明区人民检察院移送审查起诉。检察机关在全面梳理证据上下功夫,通过细致比对嫌疑人供述,发现部分工人遗漏未被追究的线索,向侦查机关详尽列明补充侦查提纲,先后成功追诉沈某丙、陈某某、吴某甲、吴某乙4名漏犯。针对部分工人在案发前已离职,无法以现场缴扣侵权商标标识认定犯罪数额的难点,检察机关积极引导侦查,通过补充调取工人从老家往返厦门动车车票,确定嫌疑人参与非法制造商标标识的具体日期;通过补充调取涉案卷烟标识物流寄递单据,结合侵权卷烟标识包装规律等证据,折算出嫌疑人参与非法印制侵权卷烟标识的数量。该数额认定依据充分,估算部分采取了有利于嫌疑人就低认定的原则,嫌疑人对此均予以认可,自愿签署认罪认罚具结书,并最终得到法院判决支持。厦门市思明区人民检察院先后于2020年6月4日、2020年6月16日、2021年6月15日对被告人沈某甲等20人以涉嫌非法制造、销售非法制造的注册商标标识罪提起公诉。

8.沈某甲等二十人非法制造、销售非法制造的注册商标标识案

【典型意义】

一、充分发挥侦查引导,全面精准指控犯罪

该案涉案人员众多,案情复杂,证据能否全面及时收集直接关系案件成败。检察机关积极发挥审前主导作用,引导侦查机关及时收集、固定容易灭失的重要证据,列明提取、扣押过程确保程序合法有效的注意事项,并提出同步采取全程录音、录像的合理建议。为全面了解案情,检察机关多次前往案发地查看涉案工厂内部布局,查看扣押的作案工具,了解侵权商标标识印制生产过程,针对取证难点,向侦查机关有针对性地列明补侦提纲和取证方案。因证据收集全面完整,在指控各被告人犯罪情节时,得以根据在案证据的具体情形,或以缴扣到的侵权商标标识数量,或以违法所得,或以被告人参与犯罪时间进行折算等多种方式依法认定,指控的全部犯罪事实得到两审法院判决支持。

二、查微析疑追诉漏犯,全链条打击侵权犯罪

本案侵权对象涉及十余个国内知名卷烟注册商标,嫌疑人利用印刷厂开设在偏僻地点、便于隐藏的特点,在10多个月内非法印制大量卷烟标识后运送到外地,侵权性质及后果严重。一方面,检察机关关注印刷工人流动性大的细节,通过反复比对嫌疑人供述挖掘线索,依法对4名漏犯开展追诉。其中被追诉的被告人沈某丙系在非法印制工序中起调色、制版的重要作用。另一方面,检察机关通过全面查明嫌疑人参与实施的具体犯罪行为、时间长短、违法所得等多个要素,准确评价各自在共同犯罪中的地位作用,精准指控。对股东、出资人、厂房房东、工厂工人、载货司机等参与实施非法印制注册商标标识的人员完整实现全链条追诉,有力打击侵权犯罪,取得较好办案效果。

【案例评析】

《中华人民共和国刑法》(以下简称《刑法》)第215条规定有"非法制造、销售非法制造的注册商标标识罪"。打击该类犯罪不仅可以溯源犯罪源头,根治商标标识类违法犯罪,还可以肃清商标使用链条的上下游顽疾,营造良好的市场竞争秩序。本案中,厦门市思明区人民检察院积极介

入犯罪行为的侦查工作,高效衔接"侦诉审"全流程;明辨多人犯罪案件中的罪与非罪界限,认定事实清楚充分,加强知识产权司法保护水平。

一、全流程顺畅:"侦诉审"高效衔接

(一)提前介入,及时固定罪证

因知识产权的非物质属性,相关犯罪具有多发、易发、隐匿性强等特点,如何尽早且及时固定犯罪证据始终是检察机关、公安机关侦破的重点难点工作。本案中,厦门市思明区人民检察院依据公安机关商情及时介入侦查,在第一时间固定涉案罪证,引导公安机关及时、全面、高效地查扣涉案物证,这既是整个案件流程的起点,也是罪刑适当的基点。由此可见,厦门市思明区人民检察院与公安机关在信息共享、线索移送等方面建立了良好的共享机制。

(二)及时逮捕,推进审查起诉

制造、印刷商标标识工序较多,如果不及时审查逮捕,案件中制造、存储、运输各环节的犯罪嫌疑人就可能潜逃。及时固定犯罪物证和辨认同案犯后,厦门市思明区人民检察院及时批捕涉案犯罪嫌疑人16人,快速推动案件进入审查起诉阶段。随后,厦门市思明区人民检察院引导侦查,在出资人、司机、厂房房东、后勤人员等多种身份背后快速厘清犯罪行为,为本案审判工作奠定良好基础。

(三)合理定量促审判

及时固定涉案证据定性是基础,合理计算数量定量是难点。本案在前期固定物证的基础上,检察机关结合嫌疑人参与非法印制实践、物流寄递单据、卷烟标识包装规律等因素合理确定非法制造商标标识的数量。面对合理确定的数量,犯罪嫌疑人无法辩驳,法院也最终加以采信。

二、认事实清晰:明辨多行为的罪与非罪

《刑法》第215条规定,非法制造、销售非法制造的注册商标标识罪指"伪造、擅自制造他人注册商标标识或者销售伪造、擅自制造的注册商标标识的行为"。然而在实际侦查和审理过程中,商标标识的制造、销售涉及设计、调色、制版、印制、包装、仓储、运输等众多环节,还不乏为罪犯提

供后勤保障等人员。如何在众多行为中准确界定出非法制造、销售非法制造的注册商标标识的行为绝非易事。本案中,厦门市思明区人民检察院兼采主观、客观标准,准确认定股东、出资人、厂房房东、工厂工人、载货司机等人员的犯罪行为。

首先,主观方面采用故意标准。非法制造、销售非法制造的注册商标标识罪的主观要件以故意为准,即明知是他人的注册商标,在未经授权情况下故意伪造、超出约定数量多造或明知是伪造标识仍然销售。过失状态不具有破坏商标竞争秩序的效果,并非本罪主观要件范畴。在审判过程中,本案依托及时查扣物证和犯罪嫌疑人供述,结合客观事实链条认定犯罪嫌疑人的实际主观状态。例如,厂房房东声称为工人煮饭,实为明知工人非法制造标识而为犯罪行为提供帮助支持,显然不能以不知情而脱罪;装卸工人声称并不知情,结合其烟民身份和对烟草品牌的熟悉程度,可以认定其主观状态为故意。

其次,客观方面采用"典型行为+情节严重"的标准。从文义解释来看,设计、调色、制版、印制、包装等行为显然属于非法制造注册商标标识的行为;销售非法制造商标的行为同样无可争议。本案中,运输行为包括为运输提供仓储、装卸等准备或帮助工作的行为,从目的性解释方法来看,该类行为与生产、销售的上下游环节密切相关,应当纳入涉案行为范畴内。至于投资、煮饭、提供住所等行为,虽然并非该罪规定的典型行为,却需要结合行为目的和效果进行综合判断。同时,该案查扣物证涉及"红旗渠""红塔山""黄鹤楼"等知名烟草品牌的2254652件注册商标标识,显然已经达到"情节严重"的标准。

三、追犯罪源头:营造良好商标竞争秩序

在全面、高效、综合履职要求下,厦门市思明区人民检察院并非满足于案件的审判结果,而是与厦门市公安局湖里分局及时联动、信息共享,及时追捕4名漏犯。同时,检察机关还推进犯罪嫌疑人认罪认罚,便利案件审理工作,实现案件裁判结果和治理效果的"双丰收"。

一是挖掘线索,追捕漏犯。案件的审理是手段,根治是目的。在非法制造、销售非法制造的注册商标标识犯罪中,逮捕制造、印刷环节的

技术型罪犯是杜绝此类犯罪的重要环节。本案中,厦门市思明区人民检察院反复比较犯罪嫌疑人供述,最终追捕4名漏犯。其中包括沈某丙等对调色、制版重要作用的"大师傅",根除技术型罪犯。这不仅需要检察机关与公安机关全流程追踪联动,更离不开检察机关肃清违法犯罪源头的决心。

二是夯实证据,推动认罪和量刑。本案中,厦门市思明区人民检察院在前期侦查基础上进一步夯实证据,而估算部分采取了有利于嫌疑人就低认定的原则。这一做法有力地推动犯罪嫌疑人及时认罪认罚,在案19名被告均在审查起诉阶段自愿签署了认罪认罚具结书。检察院的量刑建议也被法院最终采纳。专业保护是推动案件顺利进行的"金标准"。

9.洪某某等十一人销售假冒注册商标的商品案[*]

【关键词】 假冒注册商标;链条式犯罪;集中统一履职;行政公益诉讼

【要 旨】 该案系全省首例涉旅游行业知识产权行政公益诉讼案件。本案犯罪团伙以公司化、链条化的模式经营假冒奢侈品牌,形成产业分工,欺骗、引导外地游客购买假冒奢侈品,危害明显,影响恶劣。厦门市思明区人民检察院在办案过程中,发挥知识产权案件集中管辖优势,统一履行知识产权检察职能:一方面,引导侦查,夯实案件基础,同时释法说理,促成上下链条11名犯罪嫌疑人全部认罪认罚;另一方面,针对本案行政主管机关未全面履行监管职责,导致社会公共利益受损的情形,将行政公益诉讼案件及时立案,会同行政部门,对辖区内旅游从业者诱导游客"购假"的现象进行摸排整治,助推厦门市旅游市场的净化与提升。

【基本案情】

2019年7月至2021年6月,洪某某、詹某某等4人合资成立公司,专门从事假冒奢侈品销售。上述人员先后多次租用厦门市某区内写字楼场所隐蔽开设商场,招募黄某某等5名柜台导购,开展经营活动。洪某某团伙向万某某等多名旅行社经营人、旅游从业者提供回扣返利,以"环岛一日游"为名将大量游客引导至其商场,谎称商场经营所谓"海关罚没走私

---

[*] 本案获评厦门市2022年度打击侵权假冒典型案例。
 案件承办人、案例撰写人:邱晨帆,系厦门市思明区人民检察院四级高级检察官。本文评析人:杨正宇,系厦门大学知识产权研究院助理教授,硕士生导师。

物品",对游客销售假冒 LV、GUCCI、CHANNEL、Rolex 等奢侈品牌的服饰、箱包、化妆品、眼镜、手表等。该团伙违法经营期间,销售假冒注册商标的商品,价值共计人民币 3840262 元;被查获,尚未销售的假冒注册商标商品价值共计人民币 9505066 元。

本案由厦门市公安局湖里分局侦查,以涉嫌销售假冒注册商标的商品罪向厦门市思明区人民检察院移送审查起诉。2023 年 1 月 14 日,厦门市思明区人民法院以销售假冒注册商标的商品罪分别对洪某某等 11 人判处有期徒刑六个月(缓刑)至四年六个月以及相应罚金等刑罚,全案被告人无一上诉。

【诉讼过程】

本案由厦门市公安局湖里分局侦查终结,因涉知识产权案件集中管辖,以洪某某等 11 人涉嫌销售假冒注册商标的商品罪,于 2021 年 10 月 13 日向厦门市思明区人民检察院移送审查起诉。2022 年 3 月 11 日,厦门市思明区人民检察院依法向思明区人民法院提起公诉。2023 年 1 月 14 日,思明区人民法院以销售假冒注册商标的商品罪分别对洪某某等 11 人判处有期徒刑六个月(缓刑)至四年六个月以及相应罚金等刑罚。

【检察履职情况】

检察机关在审捕过程中及时引导侦查,查明报捕时遗漏的同案犯。受理审查起诉以后,检察机关针对案件查办初期部分被告人基于畏罪心理和家庭顾虑而拒不认罪的情形,耐心细致地释法说理,促成被告人从侦查阶段的对抗心理逐步转为自愿伏法,11 名被告人全部认罪认罚,并积极筹措退赃。

案件审查时,检察机关根据上述团伙作案时间长、人员多、规模大的案情,研判有关部门可能存在监管失职的问题,遂针对制假、售假产业的行业特点、市场现状对被告人开展讯问。经政策攻心,取得被告人配合以后,检察机关派员以游客身份走访厦门市多个旅游集散点,通过现场调查,发现因有关主管机关未全面履行市场监管职责,本案涉案旅行社、旅游从业者为图返利,勾结售假商场,形成产业分工,成链条、多批次地欺骗引导游客购买假冒奢侈品。上述情形不仅损害不特定多数消费者利益及本市旅游秩序,也在一定程度上为制假、售假产业链提供市场,损害社会公共利益。厦门市思明区人民检察院遂依法于2023年3月1日进行行政公益诉讼立案。

立案以后,检察机关进一步采取询问群众、调取查阅过往旅游投诉案卷、调查从业人员等多种方式深入摸排,掌握具体售假场所的相关线索。在上述工作的基础上,检察机关主动向有关部门通报案情及线索,并上门磋商。在检察机关助力下,行政主管部门多管齐下,加大巡查、执法查处力度,加强行业及社会宣传,多个重点区域的导购乱象得到遏制。目前检察机关、行政部门已协商联合整治方案,将会同相关职能部门进一步着手开展专项打击和重点整治工作。

【典型意义】

一是有力打击犯罪,促成认罪伏法。检察机关全面梳理证据,及时发现案件前期侦查存在的证据链条未能闭环,可能遗漏同案犯的情形,自行补充侦查和引导侦查并举,及时填补上述缺漏,夯实案件基础。同时积极运用认罪认罚从宽制度,释法说理、宽严相济,打消被告人初期的抗拒心态,促使全部11名被告人认罪认罚。本案获评"厦门市2022年度打击侵权假冒典型案例"。

二是统一集中履职,强化法律监督。检察机关践行在监督中办案,在办案中监督的理念,围绕知识产权检察职能统一集中履职开展工作。办案发现社会公共利益受损时,及时予以立案,督促有关部门履职。同时积极作为,发挥检察机关在事实调查和证据收集方面的专业优势,主动摸排相关线索,并上门磋商,和行政主管部门谋划联合开展专项整治,力求填补监管疏漏,维护消费者权益,保护厦门市"国家知识产权强市建设试点示范城市"的形象和声誉,取得法律效果及社会效果的高度统一,更实现法律监督的双赢、多赢、共赢。

【案例评析】

销售假冒注册商标的商品罪与维护商标专用权密切相关,甚至关乎商标所在市场的经营秩序和良好声誉。当销售假冒商品的行为从分散个案转向批量反复,违法犯罪行为的损害后果就从私益领域向公益领域迅速溢出,从商标秩序向营商环境快速蔓延。本案获评"厦门市2022年度打击侵权假冒典型案例",一方面在于案件本身犯罪行为的典型性和严重程度,另一方面在于打击犯罪向行政监督乃至社会治理的溢出与衔接。综合来看,该案实现打击犯罪与营商(旅游)环境提升的双重效果。

一、严惩商标多维功能受损下的犯罪

商标作为联系消费者认知和商品、服务来源的标识,具有识别来源、品质保障、宣传等多维功能。其中,识别来源功能作为混淆理论的基础,是商标侵权犯罪行为的通常理论基础。《中华人民共和国商标法》(以下简称《商标法》)第57条所列的侵权行为和《中华人民共和国刑法》(以下简称《刑法》)第213条"假冒注册商标罪"均以此功能为基础。然而,商标作为消费者选购过程的认知符号,其同样具有品质保障功能和宣传功能,更与营商环境的塑造密切相关。品质保障功能视角下,商标对应的商品、服务的品质具有一致性,侵权产品、服务的低劣品质会损害消费者对商家品质的认知,甚至导致商家多年经营的良好商誉付之一炬。宣传功能视角下,驰名商标凭借长期建立的美誉度而向不相关商品、服务类别扩散,基于淡化理论而取得跨类别保护的正当性。

本案中,销售假冒注册商标的商品罪显现出对商标多维功能的损害。《刑法》第214条规定,销售假冒注册商标的商品罪指"销售明知是假冒注册商标的商品,违法所得数额较大或者有其他严重情节、违法所得数额巨大或者有其他特别严重情节的行为"。假冒注册商标指在相同类别商品、服务上使用相同的商标。本意来看,该罪名意在惩戒假冒商品的销售流通行为,重点在于保障商标的识别来源功能。本案中,洪某某等11人借旅游购物为名,销售声称为"罚没商品"的诸多知名品牌商品。从单个商标内部观察,洪某某等的销售行为无疑损害了消费者对该商品的品质认知和商品声誉,对商标的识别、品质保障功能造成损害。从多个商标外部观察,此类行为损害商品销售场所的美誉度认知,不免将相关旅游点与低劣、假冒等负面印象相联系,造成销售假冒商品行为的外溢效应。不仅如此,链条式的犯罪行为已经使得损害后果从商标美誉度、商品市场秩序向城市形象外扩。若长期放纵此犯罪行为,势必对商标权人私益和厦门旅游城市公益造成损害。

二、刑事保护与行政监督的衔接

检察机关综合履职的要求建立在其刑事保护、审查监督、公益诉讼等多元角色之上。形事保护方面,检察机关连接公安侦查机关和法院审判机关,是"侦诉审"全流程顺畅运转的核心。检察机关还对司法机关审判情况负有监督职能,是公权力内部自我纠正、自我修复的重要部门。同时,对于本案中成链条、多批次的规模式违法犯罪行为,检察机关可以为维护社会公益提起公益诉讼。如《公益诉讼检察工作白皮书(2023)》所言:"检察公益诉讼制度是以习近平同志为核心的党中央决策、部署和推进的重大改革举措,以独具特色的公益司法保护'中国方案',有力维护了国家利益和社会公共利益。"多项职能在本案中得到很好体现,并且实现了良好衔接。

首先,厦门市思明区人民检察院积极履职,严格刑事保护。本案中,检察机关遵循销售假冒注册商标的商品罪中销售假冒注册商标的商品和销售金额数额较大两个要件,分别从定性、定量两方面予以查明。在检察履职过程中,厦门市思明区人民检察院不仅引导侦查、查明漏补,及时将涉案犯罪嫌疑人逮捕,避免该类犯罪滋生反复,还依法查明销售假冒注册商标的商品384万余元和未销售假冒注册商标的商品950万余元,为审判工作奠定良好基础。

其次,厦门市思明区人民检察院探索推动根治旅游秩序的公益诉讼。公益诉讼的事由范围已经从四项扩张到十四项,消费者权益保护始终是其中的重要事由之一。分散、隐匿的销售假冒商品行为主要损害商标权权利人的私益,而批量、多次的集中售假行为则是对消费者群体利益的损害,甚至有损市场竞争秩序和城市形象。此时,单独打击犯罪行为不足以实现整体销售环境正本清源,需要对有关部门履职情况予以监督。本案中,厦门市思明区人民检察院在办理刑事案件时,还走访市场摸排情况,兼顾私益保护和公益治理,实现程序和实体两方面的有效衔接。

三、案件推动营商环境的治理塑造

本案的标志性意义在于检察机关综合履职推动的营商环境治理塑造。从个案审理过程来看,厦门市思明区人民检察院释法说理、宽严相济,消除被告人抗拒心态,促使全部11名被告人认罪认罚,避免犯罪行为的滋生和反复。从监督过程来看,厦门市思明区人民检察院从刑事保护案例出发,敏感地提炼其中对公共秩序和城市形象的损害特质。在公益诉讼范畴下,检察机关积极做好前期摸排工作,上门磋商,和行政主管部门谋划联合开展专项整治。政出多门、信息闭塞是以往经营商环境塑造的难点和痛点,本案中检察机关高效利用多重定位有益探索,积极打通综合治理的堵点,为厦门城市形象及时止损。此案也是厦门市思明区人民检察院落实福建省人民检察院《行政检察护航法治化营商环境"1+n行动计划"的实施方案》的典型案例。

10.沈某某、黄某某侵犯商业秘密案*

【关键词】 检察护企;侵犯商业秘密罪;损失数额认定;宽严相济

【要　旨】 技术信息等商业秘密是企业在社会经济活动中创造的智力成果,关系着企业的竞争与发展,应予以严格保护。本案系典型的企业内部人员合伙侵犯企业商业秘密案件,涉案企业多、作案方式隐蔽且主犯前期始终对抗侦查,拒不认罪。检察机关通过全面引导侦查,精准指控认定被告人获取技术信息的不正当性,及时保护研发创新成果,有效维护市场竞争秩序。宽严相济,注重释法说理,促成犯罪嫌疑人认罪认罚,引导权利人实质性参与诉讼,为激励和保护创新、营造良好营商环境提供法治保障,为保障民营经济健康发展贡献检察力量。

【基本案情】

被害单位某涂层科技(厦门)有限公司主要从事医疗涂层产品的研发、生产和销售,研发中心设于新加坡。该公司自主研发的亲水超滑涂层试剂应用于医疗器械导管、导丝表面,可使医疗器械在遇水湿润后形成润滑表面,在插入人体器官过程中保持润滑,实现易于穿过血管或腔道的性能。公司经自主研发及不断升级改进,形成安全无毒、具有良好生物相容性、适用于不同材质管材的12种亲水超滑涂层试剂配方(以下简称涂层配方)。涂层配方通过参数调整达到润滑度和牢固度的平衡,结合紫外光

---

* 案件承办人、案例撰写人:王珏,系厦门市思明区人民检察院党组成员、副检察长;陈嘉莹,系厦门市思明区人民检察院检察官助理。本文评析人:罗立国,系厦门大学知识产权研究院副教授、硕士生导师,管理学博士。

固化技术可使医疗器械实现最优性能。公司拥有亲水超滑涂层发明专利，为医疗器械生产厂商供应涂层试剂产品和相关的技术支持，是国内第一批国产医用亲水超滑涂层生产商，拥有多年、大量客户使用基础。公司为涂层配方技术信息采取制定公司保密制度、与公司职员和客户签订保密协议，以及指定专人负责物料采购，对保密物料以公司内部专用代码标记等一系列保密措施。

被告人沈某某于2015年至2019年就职于某涂层科技（厦门）有限公司，2019年3月起任公司总经理兼执行董事。被告人黄某某于2014年7月至2020年6月间就职于该公司，与公司签订有劳动合同及保密协议，自2019年4月起负责涂层试剂的生产，因工作需要完整掌握该公司涂层配方技术信息。

2019年下半年，被告人沈某某起意将该公司涂层配方技术信息出售他人牟取非法利益，并找被告人黄某某共谋。沈某某采取金钱利诱的手段，唆使黄某某将工作中掌握的涂层配方技术信息通过电子邮件发送给他。此后，沈某某与某生物工程有限公司等多家公司负责人商谈出售涂层配方的具体事宜，或直接将公司涂层配方技术信息以U盘存储等方式交给购买方，或安排被告人黄某某前往购买方提供调配涂层溶液技术指导，与黄某某共同将公司涂层配方技术信息非法披露给他人。沈某某收取上述出售公司涂层配方技术信息违法所得共计人民币155万元后，将其中的23.9万元分给被告人黄某某。

2019年11月，某涂层科技（厦门）有限公司于2020年6月向厦门市公安局翔安分局报案。案发后，侦查人员依法提取了被告人黄某某工作使用笔记本电脑中的存储文件、邮箱发送内容等电子数据，向购买该涂层配方的其他公司相关人员提取了纸质版涂层配方之书证。经广东省知识产权保护中心司法鉴定所鉴定，某涂层科技（厦门）有限公司所拥有的12种涂层配方，在鉴定日2021年8月16日前，均属于不为公众所知悉的技术信息。经北京中金浩资产评估有限公司评估，在评估基准日2019年8月9日，公司12种涂层配方技术信息的许可使用费为人民币405.81万元。上述12种涂层配方，与从被告人黄某某工作使用笔记本电脑中提取到的、黄某某发送给被告人沈某某的涂层配方相比较，有6种涂层配方实质相同;与从购买该涂层配方的其他公司相关人员处提取到的6种涂层配方相比较,有3种涂层配方实质相同。因此,被告人沈某某以利诱的不正当手段获取公司所有12种涂层配方中的6种,并与被告人黄某某共同将涂层配方披露给他人牟取非法利益。按公司全部12种涂层配方技术信息许可使用费人民币405.81万元计,二被告人共计给公司造成损失人民币202.905万元。

【诉讼过程】

2020年11月6日,厦门市公安局翔安分局对本案立案侦查。2021年8月23日,厦门市公安局翔安分局以沈某某、黄某某涉嫌侵犯商业秘密罪向厦门市思明区人民检察院移送审查起诉。2022年1月19日,厦门市思明区人民检察院以沈某某、黄某某涉嫌侵犯商业秘密罪向厦门市思明区人民法院提起公诉。厦门市思明区人民法院经审理,认为公诉人指控的罪名成立,于2023年3月30日作出一审判决:判处主犯沈某某有期徒刑二年,并处罚金人民币九十六万三千元;判处从犯黄某某有期徒刑一年六个月,缓刑二年,并处罚金人民币二十三万九千元。同时追缴二人违法所得。一审宣判后,沈某某、黄某某均未上诉,判决现已生效。

【检察履职情况】

一、审查逮捕

一是充分落实侦查监督与协作配合机制,引导侦查机关收集固定第一手客观证据。检警共同推进侦查取证和证据审查工作,针对本案涉案企业多、秘点多、作案方式隐蔽、主犯沈某某供述前后矛盾等情况,对案件的重点和难点问题进行全面分析和研究,认真比对秘点与已公开专利说明书所记载内容,查明相关专利说明书所公开的内容不涉及秘点,夯实案件事实基础。向侦查机关提出恢复提取犯罪嫌疑人的手机与电脑中的电子数据、针对沈某某获取涉案技术信息的"不正当性"收集固定证据、查明沈某某的通信往来与资金往来、向被侵权企业提取其所采取的保密措施等多方面的侦查意见。委托知识产权鉴定机构对上述电子数据与权利人非公知技术信息进行"同一性"比对鉴定,精准指控涉案技术信息被窃取及披露的具体过程。

二是落实知识产权刑事案件权利人诉讼权利义务告知制度，切实保障权利人的知情权和参与权。主动将告知时间前伸至审查逮捕阶段，告知权利救济途径和诉讼进展情况，通过鼓励权利人实质参与诉讼、与被侵权企业负责人深度沟通，全面了解涉案技术信息的权属主体、研发过程、技术难度、保密措施、产品利润、未来前景等详细情况，引导被侵权企业提供相关证据，强化权利人诉讼权益保障。

二、审查起诉

一是准确认定权利人损失数额。以"合理的许可使用费"计算损失数额，是《最高人民法院、最高人民检察院关于办理侵犯知识产权刑事犯罪案件适用法律若干问题的解释（三）》新增的规定。在涉案技术的许可使用没有实际发生的情形下，可委托专业评估机构对许可使用权价值进行评估。如何认定该评估值合理与否，因缺乏明确标准存在实践操作及法律认定困难。侦查机关在移送审查起诉时，以评估机构对于涉案涂层配方认定的"市场价值"认定损失金额。厦门市思明区人民检察院深入研判，全面审查涉案技术秘密是否因犯罪行为而为公众所知悉、侵权人窃取的商业秘密是否实际投入生产、有无影响被侵权企业利润与市场份额等关键事实，围绕涉案涂层配方在市场上的许可使用情况进行取证，如许可费用金额、技术许可合同实际履行情况等，要求委托评估机构就涉案技术信息研发成本、许可使用费进行评估，以"合理的许可使用费"准确认定损失数额。

二是加强对证据的客观性和关联性审查。注意审查电子数据与案件事实之间的多元关联，案件办理过程中，一方面对评估机构及评估人员资质情况、评估方法、评估过程是否正确等方面开展实质性审查，另一方面结合电子数据、辨认笔录等证据，梳理涉案银行账户交易明细，查明公司及相关人员与沈某某的不正当交易往来，核实各犯罪嫌疑人的犯罪数额及违法所得情况，准确认定案件事实。

三是强化对涉密证据的全过程保护。全面研判商业秘密在刑事诉讼过程中的"二次泄密"风险点，在充分听取被侵权企业的意见后，针对各环节的泄密风险点制定多种保护措施，在有效保证案件诉讼程序顺利进行的同时,依法保障辩护人的阅卷权,最大限度地降低涉案商业秘密"二次泄露"的风险,为企业提供精准化法律服务。

四是依法能动履行法律监督职责。就补充侦查超过法定一个月期限这一违法行为,向公安机关制发《纠正违法通知书》,并获得公安机关采纳答复。

三、指控与证明犯罪

一是加强知识产权司法保护力度。检察机关当庭讯问强化黄某某对沈某某具体行为、地位作用的指认,举示涉案涂层配方的秘密性、价值性、实用性,以及被侵权企业所采取的系列保密措施等相关证据。从被侵权企业的保密制度与措施出发,结合被告人沈某某在企业经营中所负责的业务内容、获取商业秘密的特殊时间段,以及唆使黄某某将商业秘密资料修改部分数据后发送邮件、将邮件内容刻录U盘后交给购买方等手段综合论证侵权手段"不正当性"。结合"金属涂层配方"尚属研发过程中、不符合涉案客户企业的主营产品需求等多方面,有力驳斥被告人沈某某关于涉案涂层配方不属于商业秘密、部分所得钱款系自己出售与他人合作研发的"金属涂层"配方等不合理辩解,准确认定商业秘密侵权性质。

二是贯彻宽严相济刑事司法政策。结合二被告人地位作用、主观恶性、悔罪态度等各项情节,充分运用认罪认罚从宽制度,推动查明犯罪手段、共犯分工、违法所得分配等案件事实。在辩护人的见证下,二被告人均认可检察机关指控的全部犯罪事实和罪名,自愿签署认罪认罚具结书。对于具有从犯、自首情节、及时退缴违法所得的被告人黄某某依法建议适用缓刑,做到罪责刑相适应,有效惩治犯罪行为。经开庭审理,检察机关认定的犯罪事实及法律适用均获得法院判决支持。

四、社会治理:注重加强法治宣传教育

重点关注金砖创新基地、海丝中央法务区、软件园等企业集聚区,通过软件园区SAC战略企业联盟平台、CBD法务讲堂等开展"商业秘密保护"线上线下讲座,为高新技术企业答疑解惑。发挥政法新媒体、12309检察服务中心矩阵作用,集中开展商业秘密保护宣传,做到多元覆盖、靶向宣传、精准投放,全力营造保护商业秘密良好氛围。

【典型意义】

一、强化检警协作配合，及时亮剑止损

高新技术是企业保持竞争优势的有力武器，核心商业秘密事关企业生存与发展。本案中检警协作配合，强化对"非公知性""同一性"等定案要素的侦查取证，引导侦查机关及时收集、固定极易发生灭失的电子数据等涉案证据，多次跨省向涉案购买方的企业负责人及技术人员制作询问笔录，理清共同犯罪事实，推动办案理念有机融合、办案情报深度聚合、办案人员有效沟通。针对商业秘密的秘点认定、行为人侵权手段的界定、同一性鉴定意见审查、损失金额的计算方式等难点问题深入研究、逐一破解，严把起诉标准，精准指控犯罪数额，维护公平有序营商环境，为精准打击该类犯罪提供借鉴参考。

二、能动履职检察护企，优化办案效果

贯彻商业秘密保护"一体化履职"模式，及时对案件启动行政执法、刑事追诉、民事追责、公益诉讼同步审查。贯彻"高质效办好每一个案件"理念，在有力惩治侵犯商业秘密犯罪的过程中，注重权利人诉求，采取有效措施，防止因涉案商业秘密"二次泄露"给权利人造成更大的损失。落实"每案必告"，切实保障权利人的知情权和参与权，多次与被害企业负责人开展沟通交流，提出建章立制、堵塞漏洞的建议，助力构筑商业秘密"防护墙"，体现为创新驱动发展保驾护航、营造良好法治营商环境的履职担当。

三、强化以点带面，推动源头保护

检察机关在依法办案的同时，应当贯彻"既要抓末端、治已病，更要抓前端、治未病"的工作要求。厦门市思明区人民检察院依法履职，推动法治力量向源头端口前移，把优化法治营商环境要求落实到具体办案中，体现"办理一案、治理一片"的综合效果，推动实现司法办案政治效果、社会效果和法律效果的统一。

【案例评析】

近年来，企业的商业秘密纠纷频现。据最高人民检察院公布的《知识产权检察工作白皮书（2021—2023年）》显示，2023年侵犯商业秘密犯罪人数同比上升96.6%,这一增长率显著超过侵犯知识产权犯罪案件的整体增幅。此数据不仅表明市场竞争的激烈程度不断升级,企业的商业秘密保护意识日益提升,也反映国家对商业秘密保护工作的力度显著增强。事实上,侵犯商业秘密的事件屡见不鲜,然而,在过去,对此类行为追究刑事责任的情形却并不多见,这背后蕴含着多重复杂的原因。本案争议焦点为:侵犯商业秘密罪的认定标准和商业秘密的程序性防护。下面针对上述争议焦点展开讨论。

一、侵犯商业秘密罪的认定标准

(一)商业秘密的认定标准

商业秘密的认定本身就存在较大难度,这要求法律对何为"商业秘密"有清晰且一致的界定,但在实际操作中,这一标准往往难以准确把握。《中华人民共和国反不正当竞争法》(2019年)(以下简称《反不正当竞争法》)第9条第4款规定:"本法所称的商业秘密,是指不为公众所知悉、具有商业价值并经权利人采取相应保密措施的技术信息、经营信息等商业信息。"由此,可以总结出商业秘密的三个性质:第一,商业秘密不为公众所知悉(秘密性);第二,商业秘密具有商业价值(价值性);第三,商业秘密权利人采取相应的保密措施(保密性)。

其中,关于商业秘密的秘密性的认定是司法实践中最大的争议焦点。为统一理解,2020年9月最高人民法院颁布《关于审理侵犯商业秘密民事案件适用法律若干问题的规定》(法释〔2020〕7号),对"不为公众所知悉"作了进一步的细化。然而,确定哪些商业信息"不为公众所知悉"仍是十分复杂的,尤其是技术秘密。技术领域经过长时间的发展,积累了大量公有技术资源,各种设计之间的相互参考与转换的现象十分常见,与经营信息类的商业秘密相比,常引发较大争议。对此类信息的认定和判断,常常需要借助专业的鉴定机构,而刑法的谦抑性又要求鉴定机构采取高标准的判断方式,于是,实践中鉴定机构往往会参考专利的相关标准进行鉴定。具体而言,鉴定机构会通过委托人提供国家知识产权局专利检索咨询中心出具的检索报告,或者自行通过专门的检索系统,针对委托技术信息进行检索形成的检索报告作出鉴定结论。① 这种参照专利标准的鉴定方式,在结果上也往往会产生有利于被告人的法律效果。② 可以认为,实践中以专利制度相关标准作为认定商业秘密的参考,是一种定义缺失情境下的应对策略。

与此同时,对于"不为公众所知悉"中"公众"的理解,司法解释中将其定义为"信息所属领域的相关人员",实践当中也不可避免地出现参考《专利审查指南》中"所属领域的技术人员"的相关规定来定义商业秘密中的"所属领域"。但有学者指出,商业秘密偏向商业价值,专利制度中的"领域"是以技术为载体,商业秘密应当以经济活动来确定所属领域而不是参照技术的功能和用途来划分。③ 所以,对公众的理解不宜局限在"所属领域的技术人员"中。

此外,鉴于商业秘密的本质核心在于其能够促成商业价值的实现,而在这一价值实现的过程中,必然会有特定范围内的人员需要了解相关信息,因此,商业秘密的秘密性更侧重于一种"相对秘密"的状态,而非追求无法被任何人知晓的"绝对秘密",该特定范围以发挥其价值商业行为的必要为限。④

至于"价值性",则主要体现在能够为权利人带来竞争优势或经济利益上,价值性是商业秘密认定要件中较易证明的要件。

关于"保密性",权利人是否对主张的商业秘密采取了法律意义上的保密措施也常常成为争议的焦点,这是因为《反不正当竞争法》中对保密措施提出了"相应"的要求,即应做出"相应的保密措施",然而对"相应"的认定有赖于个案分析,比如保密措施的严密程度是否需要与商业秘密价值相对应,保密措施是要求客观上能达到保密效果还是只要求有行为外观。司法实践中对保密性的要求相对严格,大致归纳为四点:(1)主观性;

---

① 邓恒:《商业秘密司法鉴定之实践检讨》,载《知识产权》2015年第5期。
② 唐震:《商业秘密刑事案件鉴定意见审查要点之解析》,载《法律适用》2016年第4期。
③ 刘文鹏:《商业秘密"不为公众所知悉"认定若干问题研究》,载《科技与法律》2012年第3期。
④ 黄武双、戴芳芳:《论技术秘密构成要件的认定——以定作产品技术秘密为视角》,载《科技与法律(中英文)》2022年第4期。

权利人的保护意愿及措施;(2)客观性:措施能有效防泄密;(3)适应性:措施与信息价值相适应;(4)区别性:涉密信息处理手段有别于一般信息。[1] 从法律制度的目的角度出发,保护商业秘密,就是用法律手段替代经营者的自力措施并带来规模效应。[2] 法律的制定旨在降低权利人对商业秘密的保护成本,促进技术创新和商业发展。严格的保密性认定标准往往导致权利人需要投入大量的时间和资源来证明其商业秘密的保密性,这无疑增加了保护成本,与立法目的不符。所以,对保密性的要求不宜过于严格,如果权利人主观上有保密意愿,且这种意愿能够通过具体的行为展示出来,同时这些保密行为在正常情况下能够达到保密效果,就可以认定商业秘密具有保密性。

总之,在确立商业秘密的认定标准时,必须谨慎权衡,因为它深刻影响着经营者权益的保障与公共利益的维护之间的平衡。若标准设定得过于宽松,可能会削弱市场竞争的活力,制约技术创新的发展;反之,若标准过于严格,则可能偏离立法旨在保护经营者合法权益的初衷。

本案中,被害公司制定公司保密制度,与公司职员、客户签订保密协议,以及指定专人负责物料采购,对保密物料设有内部专用代码标记等一系列保密措施,具有防止信息泄露的可能。对本案商业秘密的判断根据实际情况等因素综合认定,有助于保护权利人的权益。

(二)情节严重的考量

即便确定商业秘密的存在,如何界定侵权行为是否达到"情节严重"的标准也是一大挑战,这涉及对侵权行为的性质、后果以及影响等多方面的综合考量。

《中华人民共和国刑法修正案(十一)》(2020年)颁布之后,侵犯商业秘密罪的入罪门槛由"重大损失"调整为"情节严重",入罪数额由50万元下调至30万元等。这种调整拓宽了定罪量刑的考量维度,使其不再仅仅局限于数额要素,而是纳入更多非数额要素,诸如行为主体、犯

---

[1] 北京市高级人民法院知识产权庭课题组:《〈反不正当竞争法〉修改后商业秘密司法审判调研报告》,载《电子知识产权》2019年第11期。

[2] 黄武双:《商业秘密的理论基础及其属性演变》,载《知识产权》2021年第5期。

罪手段、窃取数量、实施频次、传播范围、商业秘密的性质及其创新程度等。

判断商业秘密行为是否达到"情节严重",应该对主体、主观方面、客体、客观方面四个要件进行考虑。其中要重点关注主体和客观方面两个要件,客观方面主要体现在对商业秘密权利人的损害和公共利益上的损害。主体要件方面,不同的实施主体做不同的考虑,比如国家工作人员泄露商业秘密或者向境外对象泄露商业秘密等特殊情况。[1] 实践中最常见的是违约型侵犯商业秘密的情形,但是对于这类主体的判断学界尚有争议,有学者认为鉴于行为人对商业秘密的占有是合法正当的,较盗窃等不正当手段获取商业秘密行为而言社会危害性相对较小,在入罪门槛上应当有所区别。[2] 也有学者认为对于这类合法持有商业秘密的主体来说,其侵犯商业秘密的难度相较于其他主体大大降低且不易被察觉,所获取的商业秘密内容相较于其他主体也很可能更为详尽,实际上社会危害性更大。[3]

针对此情形,德国的做法则更多会考虑员工的忠诚义务,《德国反不正当竞争法》(2004年)第17条即泄露商业秘密罪,规定公司员工非法披露因雇佣关系获知的商业秘密的,处三年以下监禁或罚金。第18条则规定了盗用样品罪,即提供相关服务或者咨询的工作人员,泄露工作过程中合法取得的商业秘密,处两年以下监禁或罚金。前者比后者刑罚更重,表明立法者对此类犯罪的基本态度:企业内部员工实施的侵犯商业秘密行为相较于企业的委托人员而言,应受更高程度的非难。[4]

本案中,检察院深入研判案件,核查技术秘密泄露、侵权生产及对企

---

[1] 安雪梅、林灿华:《商业秘密犯罪边界下移法律效果的实证分析》,载《法治论坛》2023年第1期。

[2] 林广海、许常海:《〈关于办理侵犯知识产权刑事案件具体应用法律若干问题的解释(三)〉的理解与适用》,载《人民司法》2020年第34期。

[3] 冯明昱、张勇:《侵犯商业秘密罪评价标准的修正与规范解读》,载《海南大学学报(人文社会科学版)》2025年第1期。

[4] 上海市杨浦区人民检察院、上海市人民检察院第三分院第六检察部、上海政法学院刑事司法学院联合课题组:《域外侵犯商业秘密司法保护的比较与借鉴》,载《犯罪研究》2020年第1期。

业影响,调查涉案技术的市场授权详情,委托评估机构对研发成本及许可费进行专业评估,多维度认定权利人的损失数额,并且综合考量了犯罪嫌疑人的各项犯罪情节,做到了罪责刑相适应,有效惩治了犯罪行为。本案商业秘密是通过特定渠道在有限范围内传播,且受众为特定人群,其法益侵害程度相较于传播给不特定公众的情况会相对较低。

二、商业秘密的程序性防护网:介入、协作与保密

(一)侦查监督与部门协作相配合,保护权利人

在侦查监督方面,在新的犯罪形势下,从以犯罪构成要件、要素为证明对象的角度来说,构建完整的证据链需要办案人员对涉嫌的罪名本身有专业、系统的了解,检察官作为公诉主体,其对于法律的理解和适用能力更强。侦查人员逐渐认识到,与绝对单一的公安取证方式相比,检察介入侦查、引导取证对于检警两家是"双赢"的。[1] 尤其是知识产权领域,商业秘密常以数字化形式存在或传播,电子数据等涉案证据极易灭失,查明案情事实和固定证据的难度极大,尤为需要侦查指引。

本案中,检察院介入侦查,与公安机关共同研究关键证据收集的标准,引导其全面客观收集证据。检警协作配合,有助于构建良性互动的侦诉关系,形成保护合力,提高案件办理质效。

在部门协作方面,随着知识产权案件激增,其跨部门法属性日益显著,侵犯商业秘密的行为可能同时产生民事责任、行政责任以及刑事责任,当责任发生交叉时却缺少明确的程序性规则。

比如在商业秘密民刑交叉案件中,学界提出了"先刑后民"与"先民后刑"两种解决路径。前者基于公法优先的价值取向,更有利于揭露案件事实本身,但一定程度上压制了当事人的程序选择权,同时容易出现商业秘密属性和权利归属未明却已定罪的情形;后者符合案件办理(审理)的基本逻辑,有利于查明商业秘密属性和权利归属、保障当事人诉讼权利以及

---

[1] 陈卫东:《论检察机关的犯罪指控体系——以侦查指引制度为视角的分析》,载《政治与法律》2020年第1期。

弥补权利人损失,但在(犯罪)事实查明方面稍显"后劲不足"。① 同时,侵犯知识产权行为一般构成行政违法,会存在行政违法和刑事犯罪责任竞合的情况,实践中可能会出现"有案不移、有案难移、以罚代刑"等问题。此外,知识产权因其复合属性而显得尤为特殊,要求我们在法律实践中必须兼顾并保护知识产权的私益与公益,确保两者得到一体化且全面的保护。

本案贯彻"一体化履职"模式,及时对案件启动行政执法、刑事追诉、民事追责、公益诉讼同步审查,通过多重维度对知识产权案件进行系统性综合评价,使得刑法与前置法协同治理,有利于促进适应知识产权全方位司法保护的现实需求。

(二)避免"二次泄密"行为

商业秘密的保护不仅需要严谨的实体法界定,也对程序性保护提出更高要求。商业秘密程序性保护的一个首要问题在于何以平衡保密与公开。秘密性是商业秘密的核心要素,但是诉讼程序中的证据开示可能要求商业秘密作为证据被公开。然而,我国目前涉密证据不公开质证规则模糊,《刑事诉讼法》(2018年)并未直接规定涉密证据不公开质证制度,《最高人民法院关于适用〈中华人民共和国刑事诉讼法〉的解释》(法释〔2021〕1号)第81条、第135条以及《人民检察院刑事诉讼规则》(高检发释字〔2019〕4号)第77条等条款仅规定涉密证据不得公开质证,并未规定涉密证据法庭调查不公开进行、限制涉密证据录音录像播放和质证等涉密证据的具体质证方式。②

同时,我国法律体系对商业秘密并未提供像欧美那样强而有力的程序救济。以欧盟为例,欧盟的《商业秘密保护指令》(2016年)第10条、第11条、第13条授予商业秘密持有人广泛的救济措施,比如,禁令、纠正和损害赔偿。商业秘密持有人可以申请临时措施,比如禁令和扣押或交付涉嫌侵权的商品,也可以获得永久救济,比如召回侵权商品、销毁或交付

---

① 江苏省南京市中级人民法院课题组:《知识产权民刑交叉案件审理模式的理性分析与路径选择》,载《中国应用法学》2020年第6期。

② 刘文轩:《试论商业秘密刑事诉讼程序保护》,载《知识产权》2023年第7期。

包含或实施商业秘密的物品。《商业秘密保护指令》第9条则规定避免二次泄密的保密令制度,包括限制查阅文件和举行听证会,还规定律师或其他代表、法院官员、证人、专家和参与法律程序的任何其他人不使用或披露该商业秘密的义务,这个保密义务在诉讼终止后仍然有效,直至满足法律明确规定的两种情形之一。

在实际操作中,尽管司法人员凭借其丰富的经验,创造性地制定了诸如保密制度等一系列旨在预防"二次侵害"的机制和程序,然而,缺乏法律的明文规定依然是一个不容忽视的问题,拥有准确统一的规定或者法律解释是司法实践中的迫切需求。

本案中,厦门市思明区人民检察院启动"商业秘密刑事诉讼程序保护",为防止刑事诉讼过程中商业秘密的泄露或"二次侵害",构建必要的保密程序、保密制度或保密机制,对商业秘密给予全方位、全过程的保护,最大限度地保障权利人的权益。

在全球化竞争加剧的今天,科技创新成为国家竞争力的核心,而知识产权的保护,尤其是商业秘密的保护,对企业的竞争力和市场优势至关重要。检察机关秉持法治精神,积极履行职能,主动将法治效能前移至问题源头,确保优化法治营商环境的要求在每一宗案件办理中都得到落实。这一举措不仅深刻彰显国家激发创新活力的坚定决心,也是将这一宏伟蓝图转化为具体行动的有力实践。通过切实保护知识产权,构建良好的法治环境,我国科技进步与技术创新的步伐将得到有力推动。

11.廖某甲等四人假冒注册商标、非法制造注册商标标识案[*]

【关键词】 检察护企；假冒注册商标罪；非法制造注册商标标识罪

【要　旨】 知识产权一头连着创新，一头连着市场，既是创新成果的保护网，更是新质生产力的催化剂。对知识产权的保护绝不能止步于对犯罪的打击，更要深层次考虑、实质性修复知识产权犯罪行为对权利人的损害，明确将取得权利人谅解作为认罪认罚的从宽情节，在检察机关办案中推动权利人企业经济损失和市场份额"双挽回"，持续性提振权利人创新创造的信心和动力。

【基本案情】

"华为"注册商标所属权利人华为技术有限公司，是世界五百强企业，是全球领先的ICT（信息与通信）基础设施和智能终端提供商，业务遍及全球170多个国家和地区。"中兴"注册商标所属权利人中兴通讯股份有限公司，是中国五百强企业，是全球领先的综合通信与信息技术解决方案提供商，公司业务覆盖160多个国家和地区。

2016年起，廖某甲先后纠集廖某乙、廖某丙、廖某丁等人，在未经相关注册商标权利人许可的情况下，收购二手光猫、空白光猫外壳，通过对二手光猫检测、清洗、刷固件升级、改码、安装非法印刷有"华为""中兴"等注册商标标识的全新光猫外壳等方式进行翻新，后作为全新正品光猫销

---

[*] 案件承办人：高仰虹，系厦门市思明区人民检察院一级检察官；林翔，系厦门市思明区人民检察院检察官助理。案例撰写人：林翔。本文评析人：王俊，系厦门大学知识产权研究院副教授、博士生导师，经济学博士。

售。其中,廖某乙负责收购二手光猫等原材料、对接客户提供售后等工作,廖某丙负责工厂制假生产现场管理、联系印制假冒注册商标的光猫外壳等工作,廖某丁则根据廖某甲等人的安排在空白的光猫外壳上非法印刷"华为""中兴"等注册商标标识。经查,2019年5月至2020年5月,廖某甲等人通过微信向客户赵某销售其工厂生产的带有"中兴"注册商标标识的翻新二手光猫7400台、带有"华为"注册商标标识的翻新二手光猫450台,累计销售金额共计人民币61.4741万元。2022年1月至2022年11月,廖某甲等人在未经相关注册商标权利人许可的情况下,安排廖某丁非法印制带有"华为""中兴"等注册商标标识的光猫外壳34580件。

【诉讼过程】

2023年5月8日,公安机关对本案立案侦查。2023年7月27日、2023年10月20日,厦门市思明区人民检察院以涉嫌假冒注册商标罪先后批准逮捕廖某乙、廖某丙、廖某丁、廖某甲。2023年9月27日、2023年11月27日,公安机关先后将廖某乙、廖某丙、廖某丁、廖某甲移送厦门市思明区人民检察院起诉。2023年11月27日,厦门市思明区人民检察院将上述4人并案审理。2023年12月27日,厦门市思明区人民检察院对被告人廖某甲等4人提起公诉。2024年2月1日,厦门市思明区人民法院作出一审判决,采纳检察机关起诉意见和量刑建议,以涉嫌假冒注册商标罪、非法制造注册商标标识罪判处被告人廖某甲、廖某乙、廖某丙、廖某丁等4人有期徒刑二年二个月至三年不等,并处罚金人民币五万元至四十万元不等,并适用缓刑。4名被告人均未提出上诉,判决已生效。

【检察履职情况】

一、审查逮捕

2023年5月8日,福建省厦门市公安局同安分局接权利人报案后立案侦查。2023年7月20日,厦门市公安局同安分局以廖某乙、廖某丙、廖某丁、邱某宾共4人涉嫌假冒注册商标罪向福建省厦门市思明区人民检察院提请逮捕。经审查,思明区人民检察院于2023年7月27日批准逮捕廖某乙、廖某丙、廖某丁;以事实不清、证据不足不批准逮捕邱某宾;

同时发出《继续侦查提纲》引导侦查,要求公安机关进一步梳理相关聊天记录和转账记录,以查明是否存在其他犯罪事实。另外,针对幕后在逃的主犯廖某甲,依法向公安机关发出《应当逮捕犯罪嫌疑人建议书》。经上网追逃到案后,厦门市公安局同安分局于2023年10月13日报捕廖某甲。2023年10月20日,思明区人民检察院以涉嫌假冒注册商标罪批准逮捕廖某甲。

二、审查起诉

2023年9月27日、2023年11月27日,厦门市公安局同安分局先后将廖某乙、廖某丙、廖某丁、廖某甲以涉嫌假冒注册商标罪移送厦门市思明区人民检察院审查起诉。2023年11月27日,检察机关将上述4人并案审理。受理案件后,检察机关重点开展以下工作:

一是主动引导权利人实质参与刑事诉讼,准确认定犯罪金额。受理案件后,厦门市思明区人民检察院立即向被侵权企业寄送《知识产权刑事案件权利人诉讼权利义务告知书》,告知权利救济途径和诉讼进展情况,并就涉案商品真伪、商标注册证核定使用的商品范围等听取意见,切实保障权利人的知情权和参与权,引导被侵权企业提供相关证据。经过多次沟通引导,被侵权企业提供了侵权产品与正品区别的详细说明、正品参考市场价格等材料,在犯罪嫌疑人拒不如实供述的情况下,承办检察官多次前往扣押侵权产品存放的仓库,通过反复比对侵权产品与正品的照片,认真核对聊天记录、书证等,准确认定非法经营数额和企业损失金额。

二是从严把握定罪标准,准确适用法律。审查起诉阶段,检察机关认真听取辩护人意见,对相关证据开展细致甄别审查,认定犯罪嫌疑人廖某甲等人非法印制的34580件带有"华为""中兴""烽火"注册商标标识的光猫外壳并未均制成成品,现有证据无法直接证明上述假冒外壳均已制成全新正品光猫流入市场,依法改变公安机关对该部分事实的移送起诉意见,将假冒注册商标的非法经营数额进行对应厘清和删减,同时追加认定上述4人构成非法制造注册商标标识罪。

三是运用认罪认罚从宽制度促成赔偿谅解,最大限度追赃挽损。目前司法实践中,各地对侵犯知识产权刑事案件能否提起附带民事诉讼的做法不一,权利人自行提起民事诉讼,存在周期长、成本高、举证难的问题。本案主犯廖某甲、廖某乙在侦查阶段拒不认罪,检察机关充分运用认罪认罚从宽制度,多次向犯罪嫌疑人释法说理,并通过辩护人搭建沟通桥梁,促使其自愿认罪认罚;同时,结合在案证据引导权利人公司提出合理赔偿金额,最终促成双方和解。在审查起诉阶段,犯罪嫌疑人家属代为赔偿华为技术有限公司、中兴通讯股份有限公司的经济损失共计人民币115万元,并最终达成和解。根据《最高人民法院、最高人民检察院关于办理侵犯知识产权刑事案件具体应用法律若干问题的解释(三)》第9条的规定,取得权利人谅解的,可以酌情从宽处理,检察机关依法对上述4人提出适用缓刑的量刑建议。

三、提起公诉

2023年12月27日,检察机关以涉嫌假冒注册商标罪、非法制造注册商标标识罪对被告人廖某甲等4人提起公诉。2024年2月1日,厦门市思明区人民法院作出一审判决,采纳检察机关起诉意见和量刑建议,以假冒注册商标罪、非法制造注册商标标识罪数罪并罚,分别判处被告人廖某甲、廖某乙、廖某丙、廖某丁等4人有期徒刑二年二个月至三年不等,并处罚金人民币五万元至四十万元不等,并适用缓刑。4名被告人均未提出上诉,判决已生效。

【典型意义】

一、贯彻"高质效办好每一个案件"理念,准确认定起诉罪名

在现有证据无法直接证明假冒外壳均已制成全新正品光猫流入市场的情况下,检察机关依法改变公安机关定性,体现检察机关严格按照裁判标准全面审查、运用证据,既重视审查证明犯罪事实的有关证据,又重视审查犯罪嫌疑人的辩解和其他证据,综合审查判断客观证据和犯罪嫌疑人供述、辩解能否相互印证,形成完整证据链。检察机关坚持法定证明标准,严把起诉标准,体现"高质效办好每一个案件"的办案理念。

二、能动履职"检察护企",深层纾解知产权权利人追赃挽损难题

相较于刑事诉讼程序之外单独提起民事诉讼,知识产权案件刑事程序中一体解决权利人损失的优势在于能够实现司法效率最大化,最大限度减少企业诉累,节约司法成本。同时,在检察机关审查起诉阶段,通过

积极运用认罪认罚从宽制度,明确将取得知识产权权利人谅解作为从宽条件,促成双方和解,被侵权企业无须另行提起诉讼,也无须等待执行即可获得赔偿,破解企业维权周期长、难度大的困难,持续性提振权利人创新创造的信心和动力,促进新质生产力发展。华为、中兴公司分别向思明区人民检察院赠送牌匾、锦旗,感谢检察机关有力打击侵权犯罪并为企业挽回损失的积极作为。

【案例评析】

一、明晰电子产品翻新售卖行为的定性

近年来,检察机关提起公诉的侵犯知识产权犯罪案件呈上升趋势,其中侵犯商标权犯罪是主要类型。在案件量增加的同时,犯罪手段也在不断升级,隐蔽性越来越强,给司法人员带来办案难题,相关行业治理工作也亟须发力。该案涉及电子产品的翻新问题,翻新行为的定性具有前沿性、交叉性和复杂性,是司法办案难点。

合法翻新是顺应当下发展绿色、循环经济的其中一个方面。回收利用二手电子产品市场大有可为,但同时也必须警惕可能存在的经营风险,明确合法翻新与侵权违法犯罪行为之间的法律"红线"。对于电子产品翻新行为,究竟是属于合法的"再利用"行为,还是侵犯商标权的违法行为甚至犯罪行为,需要具体问题具体分析。

在本案办理过程中,检察机关重点关注售卖二手电子产品的经营者是否做到"充分披露信息、选用正规零配件、严控翻新后产品质量",以及是否违反"不要使用易混淆字眼对外宣传、不要使用假冒零配件翻新、不要自行修改商标标识"。在认定电子产品翻新行为是否构成商标侵权时,检察机关从是否影响商标识别来源功能发挥的角度出发,结合具体翻新程度及方式进行判断。本案被告人廖某甲等人对二手光猫刷固件升级、改码等一系列行为,这种所谓的"翻新"实际上属于"重构性翻新",已经对原产品功能造成实质性改变,破坏商品质量保证功能。这导致消费者对产品来源的混淆,侵占正品新机的市场份额,损害注册商标权所有人的商标权益,情节严重,因此构成假冒注册商标罪。

本案为司法机关办理电子产品二手翻新行为的认定提供宝贵经验，同时也平衡保护合法翻新、发展循环经济与打击非法翻新及其销售、保护知识产权之间的利益冲突。

二、深挖犯罪线索，准确认定起诉罪名

侵犯商标权犯罪案件往往呈现犯罪环节多、犯罪链条长、组织分工细的特点，检察机关应当深挖犯罪线索，根据在案证据认定犯罪事实，准确认定罪与非罪、此罪彼罪，从而确定起诉罪名。[①]

审查逮捕阶段，厦门市公安局同安分局以廖某乙、廖某丙、廖某丁、邱某宾共4人涉嫌假冒注册商标罪向厦门市思明区人民检察院提请逮捕。经审查，思明区人民检察院以事实不清、证据不足不批准逮捕邱某宾；同时发出《继续侦查提纲》引导侦查，要求公安机关进一步梳理相关聊天记录和转账记录，以查明是否存在其他犯罪事实。审查起诉阶段，检察机关对相关证据开展细致甄别审查，在办案过程中重点关注被告是否"充分披露信息、选用正规零配件、严控翻新后产品质量"，以及是否违反"不要使用易混淆字眼对外宣传、不要使用假冒零配件翻新、不要自行修改商标标识"。认定犯罪嫌疑人廖某甲等人非法印制的34580件带有"华为""中兴"等注册商标标识的光猫外壳并未均制成成品。在现有证据无法直接证明假冒外壳均已制成全新正品光猫流入市场的情况下，检察机关依法改变公安机关定性，将假冒注册商标的非法经营数额进行对应厘清和删减，同时追加认定上述4人构成非法制造注册商标标识罪。在认定电子产品翻新行为是否构成商标侵权时，检察机关从是否影响商标识别来源功能发挥的角度出发，结合具体翻新程度及方式进行判断，准确认定本案被告构成假冒注册商标罪、非法制造注册商标标识罪。

上述办案过程体现检察机关严格按照裁判标准全面审查、运用证据，既重视审查证明犯罪事实的有关证据，又重视审查犯罪嫌疑人的辩解和

[①] 《中华人民共和国刑法》第213条至第215条，规定侵犯商标犯罪的三个罪名，即假冒注册商标罪，销售假冒注册商标的商品罪，非法制造、销售非法制造的注册商标标识罪。第213条涉及制造假冒产品并使用伪造的标识；第214条涉及销售假冒注册商标的商品；第215条仅涉及伪造商标标识，但并未用在具体商品上。

其他证据,综合审查判断客观证据和犯罪嫌疑人供述、辩解能否相互印证,形成完整证据链。检察机关坚持法定证明标准,严把起诉标准,体现"高质效办好每一个案件"的办案理念。

此外,检察机关加强与其他司法机关、检察机关内部不同部门以及检察机关与企业的联动配合,充分发挥检察机关法律监督职责,对上游非法制造他人注册商标标识的和下游明知是假冒注册商标的商品仍予以销售的,依法监督公安机关立案;对在不同假冒环节发挥不同作用的犯罪人以假冒注册商标罪的共犯追究刑事责任,做到对侵犯知识产权犯罪行为应追尽追、全面惩治,实现对侵犯知识产权犯罪的全链条打击。

三、落实"检察护企",提升司法效率

保护知识产权,对被告人定罪量刑、罚当其罪的同时,更要深层次考虑、实质性修复知识产权犯罪行为对权利人的损害,在检察机关办案中推动权利人企业经济损失和市场份额"双挽回",持续性提振权利人创新创造的信心和动力。本案中,检察机关积极配合法院做好调解工作,注重与被告人代理律师的沟通,促使被告人认罪认罚、实现追赃挽赔。本案主犯廖某甲、廖某乙在侦查阶段拒不认罪,检察机关将理性、文明、规范的司法理念贯穿办案始终,围绕在案证据及法律适用、认罪认罚的自愿性和后果等,多次向犯罪嫌疑人释法说理,并通过辩护人搭建沟通桥梁,促使其自愿认罪认罚。

本案在打击知识产权犯罪、保护企业创新的同时,还兼顾司法效率。相较于刑事诉讼程序之外单独提起民事诉讼,知识产权案件刑事程序中一体解决权利人损失的优势在于能够实现司法效率最大化,最大限度减少企业诉累,节约司法成本。本案中,检察机关在审查起诉阶段,通过积极运用认罪认罚从宽制度,明确将取得知识产权权利人谅解作为从宽条件,促成双方和解,被侵权企业无须另行提起诉讼,也无须等待执行即可获得赔偿,有效化解了目前司法实践中各地对侵犯知识产权刑事案件能否提起附带民事诉讼的做法不一,权利人自行提起民事诉讼而导致的周期长、成本高、举证难的问题;持续性提振权利人创新创造的信心和动力;体现了检察办案不仅要"惩",更要"挽、防、治"的办案理念,有利于实现标

本兼治,在严惩犯罪的同时,帮助企业树立依法经营、用法维权的法治意识,助推民营经济的健康长远发展。

四、积极引导权利人实质参与刑事诉讼,提升办案质效

在受理案件后,厦门市思明区检察院主动向被侵权企业详细告知诉讼权利义务、案件进展以及救济途径,使权利人能够充分了解案件情况。这种做法有效增强权利人的程序参与感,保障其合法权益,也体现司法机关在知识产权保护中的主动作为。

知识产权案件往往涉及专业技术性强的证据认定问题。在案件办理过程中,检察机关积极与被侵权企业沟通,引导其补充完善证据,并亲自前往扣押侵权产品存放的仓库进行细致比对。通过权利人和检察机关的密切配合,使案件关键证据得以及时固定,为最终准确认定案件事实奠定坚实基础。这种检企协作模式,有助于破解知识产权刑事案件证据获取难的问题,提高案件办理效率,增强对侵权行为的精准打击力度。

本案中检察机关积极保障被侵权企业的合法权益,推动其深度参与诉讼。这一做法向市场主体传递明确的法治信号,即司法机关高度重视知识产权保护,鼓励企业依法维权,增强民营企业维护自身合法权益的信心,有助于优化法治化营商环境,提升市场主体对知识产权保护的认同感和安全感。同时,本案展现一种以检察机关为主导、权利人积极参与的知识产权刑事案件办理模式,可以为后续同类案件提供可复制、可推广的经验,推动知识产权刑事保护机制的进一步完善。

五、检企协同,优化法治营商环境

护好一企、促治一片、惠及一方。创新检察机关履职模式,充分发挥侦查监督与协作配合机制的优势,强化对侵犯知识产权类多发性犯罪案件的监督力度,提升立案监督和侦查活动监督的质效。本案在案后,检企双方到思明区人民检察院"知识产权协同保护中心",了解思明区人民检察院在全国先行先试的知识产权协同保护举措及相关典型案例,并座谈探讨企业在维护知识产权中遇到的前沿及难点问题。检察机关积极听取涉案企业对检察机关打击侵犯知识产权犯罪、服务企业发展的意见和建议,对企业在风险防范、内部制度建设方面存在的不足提出检察建议,帮助企业建章立制、提升知识产权自我保护水平。

六、总结

在廖某甲等四人假冒注册商标、非法制造注册商标的标识案的办理过程中,办案机关全面展示对商标侵权类案件中违法行为定性、开展认罪认罚工作、准确定罪量刑、做好利益衡量等工作的综合考量,借鉴以往类案的裁判经验,为将来类案办理工作提供重要参考。本案的成功审理,有力打击侵犯知识产权犯罪、保护企业创新与消费者合法权益,是深入开展"检察护企"工作、实现高质效办案的典范。

12.厦门某公司、于某某等销售假冒注册商标的商品案[*]

【关键词】 销售假冒注册商标的商品罪；追诉；单位犯罪；追赃挽损

【要　旨】 检察机关在办理侵犯注册商标类犯罪案件中，应注意结合被告人已售和未售假冒商品数量、金额、非法获利数额及在共同犯罪中的地位、作用等因素，综合判断犯罪行为的社会危害性，确保罪责刑相适应。在知识产权检察综合履职方面，应同步审查是否涉刑事追诉、行政违法、民事追责、公益保护等情形，及时听取权利人诉求，通过创新机制，破解追赃挽损难题，为激励和保护创新、营造良好营商环境提供法治保障。

【基本案情】

"中茶牌"文字及图形商标（注册商标号：第13072号）是中国茶叶股份有限公司依法持有的注册商标，核定使用商品类别为第30类。中国茶叶股份有限公司许可云南中茶茶业有限公司使用"中茶牌"商标。

2020年年初，周某某将其从他人处购买的"中茶牌"茶叶运至厦门，与于某某、陈某某、郭某某经营的厦门某公司合作销售。2021年11月，周某某得知上述"中茶牌"茶叶系假冒"中茶牌"注册商标的商品，仍与厦门某公司共谋继续合作销售。由周某某提供货源，厦门某公司在厦门市湖里区某别墅销售、在厦门市思明区某仓库储存上述茶叶。于某某、陈某

---

[*] 案件承办人、案例撰写人：吴雅莹，系厦门市思明区人民检察院第三检察部主任、四级高级检察官；乐于心，系厦门市思明区人民检察院检察官助理。本文评析人：董慧娟，系厦门大学知识产权研究院教授、博士生导师，法学博士。

某等人通过微信群"自己人"进行经营决策、财务管理等,郭某某负责盘点与销售。上述期间,共计销售假冒"中茶牌"注册商标的茶叶282504元。

2023年9月21日,厦门市公安局在厦门市湖里区某别墅38号店、厦门市思明区某楼仓库查获厦门某公司库存待销售的假冒"中茶牌"注册商标的茶叶共计10689片。经商标权利人认定,上述茶叶属于假冒"中茶牌"注册商标的商品。经统计,未销售的货值金额共计1651990.6元。

2024年3月28日,周某某、于某某、陈某某、郭某某与云南中茶茶业有限公司在厦门市知识产权发展保护中心达成调解协议,四名被告人共计赔偿损失1000000元,并取得权利人谅解,调解协议分别经厦门市思明区人民法院以(2024)闽0203民特58号、(2024)闽0203民特59号民事裁定书进行司法确认。

【诉讼过程】

厦门市公安局于2023年8月24日对本案立案侦查,于2023年10月27日以涉嫌销售假冒注册商标的商品罪对于某某、陈某某提请批准逮捕。2023年11月3日,检察机关依法对于某某、陈某某批准逮捕。

厦门市公安局以犯罪嫌疑人于某某、陈某某、郭某某涉嫌销售假冒注册商标的商品罪、犯罪嫌疑单位厦门某公司涉嫌销售假冒注册商标的商品罪,分别于2024年1月2日、2024年3月5日向厦门市人民检察院移送审查起诉。厦门市人民检察院分别于2024年1月5日、2024年3月8日移交厦门市思明区人民检察院审查起诉(厦门市知识产权刑事一审案件由该院集中管辖)。厦门市思明区人民检察院于2024年3月11日将处于审查起诉阶段的上述两案合并审查。

2024年4月至5月间,厦门市思明区人民检察院以销售假冒注册商标的商品罪,先后对厦门某公司、于某某等5人提起公诉,并将本案调解协议、民事裁定书作为证据提交,在起诉书中明确各被告人取得知识产权权利人谅解的事实,根据最高人民法院、最高人民检察院关于知识产权的司法解释,可以酌情从轻处罚。厦门市思明区人民法院全面采纳检察机关指控的事实、罪名和量刑建议,以销售假冒注册商标的商品罪对被告单位厦门某公司判处罚金五十万元,对被告人周某某、于某某、陈某某、郭某某分别判处有期徒刑三年,适用缓刑,分别并处罚金五万元至三十万元不等。各被告人均未提出上诉,判决已生效。

【检察履职情况】

审查起诉期间,厦门市思明区人民检察院重点开展以下工作:

一是自行补充侦查,准确认定犯罪数额。本案犯罪持续时间长、销售数量多、金额大,查获物品逾万件,尤其是不同款式、年代的茶饼,多数无法在正品中找到对应的款式,且相同商品的实际销售价格并不完全一致。厦门市思明区人民检察院自行补充询问公司财务人员,查明公司记账方式和各记账项目含义,引导侦查机关提取犯罪嫌疑单位厦门某公司电脑记账软件数据,查明公司进货成本价、销售价,确定未销售商品定价为进货成本价的1.3倍,从而准确认定未销售的货值金额165万余元。

二是准确定性,引导涉案物品质量鉴定。本案涉案商品为茶叶,且经权利人认定为假冒注册商标的茶叶,可能涉及食品安全问题,案件定性尚未明确。检察机关引导侦查人员对多批次、不同款式的茶饼进行抽样鉴定,经鉴定,涉案茶叶符合《食品安全国家标准食品中污染物限量》标准限量要求,排除有毒有害食品和伪劣产品的可能,结合审查起诉阶段四名被告人关于多次自行购买并饮用、认为茶叶质量没有问题的供述,从而确定本案涉嫌罪名是销售假冒注册商标的商品罪,确保案件定性准确。

三是依法监督,追诉单位犯罪和遗漏同案犯。界分自然人犯罪与单位犯罪,依法追诉追漏。本案中,厦门某公司是依法注册成立的公司,经营事项由股东于某某、陈某某、郭某某协商后执行,三人经共谋后通过公司门店共同销售假冒"中茶牌"茶叶,使用公司账户支付员工工资、收取茶叶销售款项等,应认定为单位犯罪,厦门市思明区人民检察院引导侦查人员查明厦门某公司是否有合法业务,为准确认定单位犯罪做好铺垫,依法追加厦门某公司为被告单位。同时,检察机关在审查起诉过程中发现涉案茶叶系公司外部人员与公司共同合作售卖,与厦门某公司构成共同犯罪,检察机关依法对其追诉。

四是综合履职,积极开展追赃挽损。厦门市思明区人民检察院依托该院知识产权协同保护中心,全省首创"知识产权刑事案件退赔挽损与民事纠纷诉前化解协同机制",一方面引导犯罪嫌疑人在侦查阶段和审查起诉阶段主动与被侵权的知识产权权利人商谈赔偿谅解事项,另一方面向厦门市知识产权发展保护中心移交本案线索,建议启动知识产权纠纷调解,推动四名犯罪嫌疑人与云南中茶茶叶有限公司达成调解协议,为权利人挽回损失共计 1000000 元,引入区法院对调解协议的效力进行"一站式"司法确认,厦门市思明区人民检察院依法提出酌情从宽处罚的量刑建议,在诉前高质效化解知识产权民事纠纷。

【典型意义】

一、确保复杂共同犯罪案件处理罪责刑相适应

对于涉案人员众多、分工细致的售假团伙,检察机关充分考虑团伙成员的参与程度、犯罪行为、违法所得等因素,准确评价各行为人的刑事责任。充分履行法律监督职责,依法认定单位犯罪,对遗漏的单位和共犯追究刑事责任,做到对侵犯知识产权犯罪行为应追尽追、全面惩治。综合犯罪金额、销售数量等情节进行分析研判,依法审慎提出量刑建议,取得了良好办案效果。

二、发挥审前主导作用,夯实案件证据基础

检察机关以依法提取的财务软件为突破口,全面审查记载的销售记录,询问重要证人,核实销售情况、销售定价、销售渠道和记账方式,确定客观已售商品事实,精确认定犯罪数额,为指控犯罪奠定坚实基础。同时,通过引导公安机关侦查和自行补充侦查,梳理微信经营群聊天记录,查明售假人员主观明知,充分释法说理,敦促拒不认罪的两名犯罪嫌疑人最终认罪。全案均认罪服判且未上诉,实现办理案件政治效果、法律效果和社会效果的统一。

三、推动权利人实质性参与诉讼,助力优化法治化营商环境

本案涉案商标系新中国第一枚茶叶商标,具有丰富的历史文化内涵。本案犯罪数额巨大,涉及地域广,严重侵犯商标所有权人的合法权益。检察机关在受理案件后十日内,以书面形式向知识产权权利人告知诉讼权利义务,全面听取权利人诉求,引导权利人实质性参与诉讼,采用远程连线调解、"一站式"司法确认等创新方式,综合履行知识产权检察职能,促

成退赃退赔,最大限度地维护权利人的合法权益,严惩侵犯知识产权犯罪,为各类市场主体经营发展营造法治化营商环境。

【案例评析】

《中华人民共和国刑法修正案(十一)》(以下简称《刑法修正案(十一)》)出台后,销售假冒注册商标的商品罪的罪量要素从"销售金额"变为"违法所得及其他严重情节",假冒内容从"完全相同"变为"基本相同"。规范的变化产生罪量标准适用、不同罪名的区分、共犯责任认定等法律规范适用新问题。[①] 检察机关办理此类案件时,需要精准认定销售假冒注册商标的商品罪中的违法所得,准确认定中立帮助者、组织领导者、业务、行政人员等销售假冒注册商标的商品罪共犯的刑事责任。同时,在处理此类案件时,检察机关要关注权利人的利益保护,落实"检察护企"行动,优化营商环境,更好地激发企业创新创造内生动力。本案检察机关对于上述问题的处理措施,尤其是由其首创的"知识产权刑事案件退赔挽损与民事纠纷诉前化解协同机制"对于办理此类案件,具有一定的参考性。

一、深入认识罪量要素,准确认定行为性质

(一)行为人构成销售假冒注册商标的商品罪

《刑法修正案(十一)》生效前,与销售假冒注册商标罪有关的规定为:"销售明知是假冒注册商标的商品,销售金额数额较大的,处三年以下有期徒刑或者拘役,并处或者单处罚金;销售金额数额巨大的,处三年以上七年以下有期徒刑,并处罚金"。为明确该法条规定的罪量要素,《最高人民法院、最高人民检察院关于办理侵犯知识产权刑事案件具体应用法律若干问题的解释》(法释〔2004〕19号)第2条规定,销售明知是假冒注册商标的商品,销售金额在五万元以上的,属于刑法第214条规定的"数额较大"。此外,最高人民法院、最高人民检察院、公安部印发的《关于办理侵犯知识产权刑事案件适用法律若干问题的意见》(法发〔2011〕3号)第8

[①] 天津市滨海新区人民检察院课题组:《销售假冒注册商标的商品罪的理解与适用》,载《中国检察官》2022年第13期。

条亦规定："假冒注册商标的商品尚未销售,货值金额在十五万元以上的,依照刑法第二百一十四条的规定,以销售假冒注册商标的商品罪(未遂)定罪处罚。"但《刑法修正案(十一)》出台后,与销售假冒注册商标的商品罪有关的规定变更为："销售明知是假冒注册商标的商品,违法所得数额较大或者有其他严重情节的,处三年以下有期徒刑,并处或者单处罚金;违法所得数额巨大或者有其他特别严重情节的,处三年以上十年以下有期徒刑,并处罚金。"罪量要素从"销售金额数量较大"变为"违法所得及其他严重情节",而如今尚未有生效的司法解释或其他法律文件就"违法所得及其他严重情节"做出解释。"违法所得数额较大或者有其他严重情节"如何认定?销售金额与货值金额在销售假冒注册商标的商品罪的认定中的作用为何?上述两个问题有待进一步厘清。

最高人民法院、最高人民检察院于2023年1月18号发布了《关于办理侵犯知识产权刑事案件适用法律若干问题的解释(征求意见稿)》。其中,第4条第1款规定,销售金额在五万元以上的,或二年内因实施《刑法》第213条至第215条规定的行为受过行政处罚且违法所得数额在二万元以上或者销售金额在三万元以上的应当认定为"其他严重情节"。此项规定延续《最高人民法院、最高人民检察院关于办理侵犯知识产权刑事案件具体应用法律若干问题的解释》(法释〔2004〕19号)第2条关于销售金额的规定,将"销售金额五万元以上"作为"其他严重情节"继续规定为销售假冒注册商标的成立要件。《关于办理侵犯知识产权刑事案件适用法律若干问题的解释(征求意见稿)》第4条第2款规定,假冒注册商标的商品尚未销售,货值金额达到前款规定的销售金额标准三倍以上,或者销售金额不足前款标准,但与尚未销售商品的货值金额合计达到前款规定的销售金额标准三倍以上的,以销售假冒注册商标的商品罪(未遂)定罪处罚。此项规定也保留《关于办理侵犯知识产权刑事案件适用法律若干问题的意见》(法发〔2011〕3号)第8条的主要内容,将"假冒注册商标的商品尚未销售,但货值金额在十五万元以上"作为"其他严重情节"规定为假冒注册商标的商品罪的成立要件。

综上,虽然《关于办理侵犯知识产权刑事案件适用法律若干问题的解释(征求意见稿)》仍未生效,但其提供一个良好的方案,解决现有的相关规定与变化后的《刑法》条文的不适应问题:将《最高人民法院、最高人民检察院关于办理侵犯知识产权刑事案件具体应用法律若干问题的解释》(法释〔2004〕19号)和《关于办理侵犯知识产权刑事案件适用法律若干问题的意见》(法发〔2011〕3号)规定的情形解释为"其他严重情节",使得其在变化后的《刑法》条文下仍能继续适用。

本案中,犯罪嫌疑人的主观"明知"较容易认定。检察机关通过引导公安机关侦查和自行补充侦查,梳理微信聊天记录,认定售假人员主观明知。而客观构成要件要素的认定则较为复杂。本案检察机关以依法提取的财务软件为突破口,全面审查记载的销售记录,询问重要证人,核实销售情况、销售定价、销售渠道和记账方式,查明公司进货成本价、销售价,确定销售金额为282504元,并发现未销售商品定价为进货成本价的1.3倍,从而准确认定未销售的货值金额1651990.6元,属于《刑法》第214条规定的"其他严重情节",从而认定行为人构成销售假冒注册商标的商品罪。

(二)行为人未触犯生产、销售伪劣商品罪,不涉及罪数问题

因商标和商品的强关联性,触犯销售假冒注册商标的商品的行为可能同时触犯生产、销售伪劣商品罪。《最高人民法院、最高人民检察院关于办理生产、销售伪劣商品刑事案件具体应用法律若干问题的解释》(法释〔2001〕10号)第10条规定,实施生产、销售伪劣商品犯罪,同时构成侵犯知识产权、非法经营等其他犯罪的,依照处罚较重的规定定罪处罚。本案检察机关引导侦查人员对多批次、不同款式的茶饼进行抽样鉴定,确认涉案茶叶符合国家标准食品要求,排除有毒有害食品和伪劣产品的可能,结合审查起诉阶段四名被告人关于多次自行购买并饮用、认为茶叶质量没有问题的供述,从而确定本案行为人未实施生产、销售伪劣商品行为,只涉嫌实施销售假冒注册商标的商品罪。

二、关注犯罪行为的各方参与者,实现犯罪行为的全链条打击

单位犯罪与自然人犯罪存在一定联系,当多个自然人将自然人意志上升为单位意志,以单位的名义实施行为,且所得利益归于单位时,就构

成单位犯罪。① 单位犯罪不应理解为单纯的以单位为主体的单一犯罪,而应是由单位与直接实施犯罪的单位责任人员为主体共同构成的、单位犯罪与自然人犯罪并列的嵌套式共同犯罪。② 销售假冒注册商标的商品往往需要以公司的名义进行,所以检察机关在认定犯罪主体时,要注意不能遗漏单位。本案检察机关查明厦门某公司是依法注册成立的公司,并引导侦查人员查明厦门某公司是否有合法业务,判断是否存在《最高人民法院关于审理单位犯罪案件具体应用法律有关问题的解释》(法释〔1999〕14号)第2条规定的不属于单位犯罪的情形,为准确认定单位犯罪做好铺垫。最终,本案检察机关查明厦门某公司设立后,并非以实施犯罪为主要活动,从而依法追加厦门某公司为被告单位。此外,在办理此类案件时,检察机关要注重审查发现生产、销售环节的犯罪线索,围绕商品来源、去向等,努力查清全部犯罪事实。本案检察机关在审查起诉过程中发现涉案茶叶系公司外部人员与公司共同合作售卖,与厦门某公司构成共同犯罪,依法对其追诉,做到全链条打击刑事犯罪。

三、知识产权刑事案件退赔挽损与民事纠纷诉前化解协同机制是刑事追缴退赔和民事诉讼一体化解决的新途径

知识产权刑事案件退赔挽损与民事纠纷诉前化解协同机制是一种旨在提高知识产权保护效率和效果的创新机制。厦门市思明区人民检察院在2024年6月11日与厦门市思明区人民法院、厦门市知识产权发展保护中心共同推出这一机制,其主要内容为厦门市思明区人民检察院在办理侵犯知识产权犯罪案件中,引导权利人通过实质性参与诉讼进行维权,敦促侵权人赔偿损失、赔礼道歉并获得谅解。同时发挥检调对接作用,在依法、自愿、便民的原则下,就上述案件中当事人愿意接受调解的,由厦门市知识产权发展保护中心指定相关调解机构及调解员开展调解,并引入思明区人民法院进行"一站式"司法确认,有效整合检察、审判、行政三方资源,以联动调处让矛盾化解更为顺畅、更具效力,力争诉前化解知识产

---

① 席若:《单位犯意的形成形式辩正》,载《中国刑事法杂志》2016年第5期。
② 陈忠林、席若:《单位犯罪的"嵌套责任论"》,载《现代法学》2017年第2期。

权民事纠纷。该机制旨在通过刑事诉讼程序中的退赔挽损措施,结合民事纠纷的诉前化解,实现权利人的经济损失补偿,更好地解决知识产权权利人在维权过程中面临的难题,如维权周期长、难度大等问题,同时激发企业的创新动力。

知识产权刑事案件退赔挽损与民事纠纷诉前化解协同机制的创新点在于高效整合检察、审判、行政三方资源,契合程序优势互补的价值追求,发现并利用刑事诉讼程序中的退赔挽损措施和民事纠纷解决机制中的调节程序的共通点,一体化解决了刑事追缴退赔和民事损害赔偿问题。不仅有效解决了"案子判了,权利人的损害未得到赔偿"的难题,使得权利人的经济损失及时得到补偿,被告人从其积极赔偿的行为中获得刑罚的正面评价,还节约司法资源,防止检察人员和审判人员重复进行损害数额确定等低技术性工作,提高诉讼效率,减少当事人诉累。

13.张某某、王某等十四人假冒注册商标、销售假冒注册商标的商品系列案件*

【关键词】 假冒注册商标；全链条打击；追捕；追诉；准确定性

【要　旨】 侵犯商标权犯罪案件往往呈现犯罪环节多、犯罪链条长、组织分工细等特点。检察机关办理案件时发现上下游犯罪线索的，应当充分履行立案监督等职责，依法追捕主犯，追诉遗漏犯罪嫌疑人和遗漏犯罪事实，有力打击"树形链条式"犯罪。本案发挥知识产权案件集中管辖优势，牵头主导厦门市思明区、翔安区两区域行政、公安联动协作，充分借助"外脑"，叠加特邀检察官助理专业优势，形成专案合署、专班办公模式，实现行政执法、刑事司法全流程业务双向协助。坚持治罪与治理并重，注重释法说理，促成上下链条14名犯罪嫌疑人全部认罪认罚，引导权利人实质性参与诉讼，提出附条件缓刑量刑建议，助推权利人挽回损失近50万元，为激励和保护创新、营造良好营商环境提供法治保障。

【基本案情】

"MLB""NY""LA"等多个文字、图形商标是棒球主盟资产公司（MAJOR LEAGUE BASEBALL PROPERTIES,INC.）依法持有的注册商标，核定使用商品类别为第25类（服装、帽子等）。2018年至2020年，被告人张某某、王某经共谋，通过"来样定制"方式，未经注册商标所有人

---

*　本案获评公安部"依法打击网上侵权假冒犯罪典型案例"。
　　案件承办人：吴雅莹，系厦门市思明区人民检察院第三检察部主任、四级高级检察官；乐于心，系厦门市思明区人民检察院检察官助理；邱晨帆，系厦门市思明区人民检察院四级高级检察官；王文俊，系厦门市思明区人民检察院检察官助理。案例撰写人：乐于心。本文评析人：杨正宇，系厦门大学知识产权研究院助理教授，硕士生导师。

许可，生产假冒"MLB"注册商标的帽子上万件。被告人张某某将该批假冒"MLB"注册商标的帽子销售给被告人王某等人，非法经营数额35万余元。2020年至2021年5月，王某将其从张某某处购买的假冒"MLB"注册商标的帽子销售给被告人程某某，并通过"淘宝"等网络平台销售，非法经营数额33万余元。

2020年至2022年，被告人张某某明知是他人假冒"MLB"注册商标的商品，仍从他人处购买假冒"MLB"注册商标的卫衣、羽绒服等，并销售给被告人施某甲、吴某某等人，销售金额43万余元，违法所得数额为2万余元。2020年7月18日至2020年9月1日，被告人林某某、朱某某、程某某等人经共谋，在厦门市思明区思明南路某店铺销售假冒"MLB"注册商标的商品。经共同经营，销售金额12万余元，未销售的商品货值金额11万余元。2021年9月至2021年12月，被告人程某某明知是假冒"MLB"注册商标的商品，仍从他人处购买假冒"MLB"注册商标的卫衣、羽绒服等，并销售给被告人施某甲、吴某某等人，销售金额共计160万余元，违法所得数额7万元。2021年6月至2022年2月，被告人施某甲、施某乙等5人将其从张某某、程某某处采购的假冒"MLB"注册商标的服装销售给被告人吴某某、刘某某等人，销售金额共计175万余元。2021年6月至2022年3月，被告人吴某某、刘某某将其从被告人施某甲、张某某、程某某等人处采购的假冒"MLB"注册商标的服装，通过"微信小程序"等网络平台销售，销售金额共计468万余元，违法所得数额54万余元。

2023年9月21日，厦门市思明区人民法院作出一审判决，认定涉案犯罪嫌疑人分别构成假冒注册商标罪、销售假冒注册商标的商品罪。

【诉讼过程】

2022年3月15日，厦门市公安局思明分局接厦门市思明区市场监督管理局移交案件后，对思明区思明南路某店销售假冒注册商标的商品案立案侦查。2022年6月9日，厦门市公安局翔安分局对吴某某销售假冒注册商标的商品案立案侦查。

2023年4月19日，公安机关以张某某、王某等3人涉嫌销售假冒注册商标的商品罪移送厦门市思明区人民检察院审查起诉，后陆续将程某某、施某甲、吴某某等11人移送厦门市思明区人民检察院审查起诉。2023年6月至12月,厦门市思明区人民检察院以假冒注册商标罪、销售假冒注册商标的商品罪,先后对张某某、王某等13人提起公诉,1人因犯罪情节轻微,依照《刑法》规定不需要判处刑罚,被依法不起诉。

2023年9月21日,厦门市思明区人民法院作出一审判决,全部采纳检察机关的指控事实、罪名和量刑建议,以假冒注册商标罪、销售假冒注册商标的商品罪判处被告人张某某有期徒刑三年六个月;以假冒注册商标罪判处被告人王某有期徒刑三年,缓刑四年;以销售假冒注册商标的商品罪判处被告人林某某有期徒刑一年六个月,缓刑二年;同时对三名被告人分别判处罚金三万五千元至八万元不等,三名被告人均服判未上诉。被告人程某某、施某甲、吴某某、崔某某等10人分别因销售假冒注册商标的商品罪被判处有期徒刑一年至三年三个月不等,部分被告人被宣告缓刑。

【检察履职情况】

一是准确定性,改变侦查机关移送审查起诉罪名。侦查机关将全案以销售假冒注册商标的商品罪移送审查起诉,检察机关在审查案件时发现,犯罪嫌疑人张某某、王某共同参与生产假冒"MLB"注册商标的帽子,针对该部分事实,重点讯问二人关于工厂归属、分工安排、打样验货、利润分配等生产细节,补充调取侦查机关在犯罪嫌疑人张某某经营的服装加工厂查扣涉案财物的影像资料,将侦查机关认定的犯罪嫌疑人张某某、王某销售假冒注册商标的商品罪的事实罪名改变为假冒注册商标罪。

二是依法监督,对遗漏犯罪事实及同案犯及时追捕追诉。依托首创的跨区域、跨部门、跨层级"知识产权协同保护中心",加强与行政机关、公安机关沟通协作,及时发现犯罪嫌疑人张某某还涉嫌另一起由厦门市公安局翔安分局在侦的销售假冒注册商标的商品案件,该部分涉案金额远高于思明分局移送审查起诉认定金额,在调取相关证据后,决定逮捕犯罪嫌疑人张某某。在退回补充侦查后,召开行政、公安、检察联席研讨会,整合思明、翔安两区域侦查力量,对2名下游销售人员销售假冒注册商标的商品犯罪事实进行立案监督,有力打击"树形链条式"犯罪。

三是抽丝剥茧,准确认定犯罪数额。本案案发于2020年9月,行政查处及侦查已耗费较长时间,事实复杂,生产、销售链条各有交叉,并且由于涉案假冒注册商标的商品均已销售完毕而未被查扣,已销售部分金额难以认定。检察机关全面细致审查案件、引导侦查,梳理犯罪嫌疑人与其下游同案犯通联记录831G,比对276份订购下单、入仓对账、分销发货表格的品名、数量和时间,精确计算已销售假冒注册商标的商品数量,并结合资金往来、交易数额、交易时间等逐一进行梳理、核实,准确认定犯罪数额,追诉侦查机关未查明的其他犯罪事实,犯罪金额达929.04万元。

四是平等保护,引导权利人实质性参与诉讼。检察机关在受理案件后十日内,以书面形式向知识产权权利人告知诉讼权利义务,与权利人沟通辩护代理、异地阅卷、听取意见、证据材料接收、诉讼进程告知等事项数十次。充分释法说理,敦促本案及关联案件共计5件14人全部自愿认罪认罚并签署具结书,推动犯罪嫌疑人及其辩护人与知识产权权利人沟通赔偿、达成和解,在量刑建议中,将积极赔偿权利人损失、与权利人达成和解等事项作为从宽处罚的重要考量因素,为权利人挽回损失近50万元。

【典型意义】

一、全链条惩治侵犯知识产权犯罪,依法履行法律监督职责

全面查清犯罪事实,追诉漏罪漏犯是检察机关的职责所在。对于侵犯知识产权犯罪案件,要善于做加法,而不是做减法,在审查逮捕、审查起诉时要注重审查制假售假全链条行为人的犯罪事实是否全部查清,是否遗漏共同犯罪事实等,注重依法能动履职。同时,在通过网络实施的侵犯知识产权犯罪案件中,证明上下游人员犯罪事实等证据往往会留存在网络终端设备之中,检察机关要注重引导公安机关及时查封、扣押犯罪嫌疑人的计算机、手机、U盘等电子设备,全面提取社交通讯工具中留存的通讯记录、交易信息等相关电子数据,以此为基础查清共同犯罪事实。

二、全流程协同保护,发挥主导作用

本案系公安机关根据市场监督管理部门移送涉嫌犯罪案件而立案侦查。审查起诉阶段,检察机关牵头协作,依托首创的跨区域、跨部门、跨层级"知识产权协同保护中心",与思明、翔安两区公安机关、市场监督管理

部门多次进行案件会商,市场监督管理部门办案骨干作为特邀检察官助理参与案件办理,就现场查处情况、商标确权等问题出具专业意见,共同提升办案质效。

三、全方位保护知识产权,营造更优法治化营商环境

本案涉案注册商标系境外某企业在我国注册并依法持有的商标,该商标品牌主营衣服、帽子、背包等全品类服饰,在国内开设门店超过1000家。检察机关平等保护境外注册商标权利人合法权益,积极探索刑事责任追究和民事责任承担一体化解决方案,帮助企业及时追损挽损。当事人有解决纠纷意愿的,检察机关可以积极向侵权人释明法律后果和司法政策,引导权利人提出合理民事赔偿等诉求,促成权利人和侵权人达成民事赔偿、和解,并依据司法解释规定酌情从轻处罚,一体解决刑事责任追究和民事责任承担问题。

【案例评析】

在侵犯知识产权犯罪中,商标类罪名有假冒注册商标罪,销售假冒注册商标的商品罪,非法制造、销售非法制造的注册商标标识罪三项。在案件审理中,检察机关既要甄别犯罪行为准确定罪,也要综合各项罪名实现违法犯罪行为的体系化治理,营造良好的市场竞争秩序和营商环境。本案犯罪特点呈现人数多、区域广、时间长等特点,检察机关履职过程也展现出定性精准、定量科学、机制畅通、综合治理等特点,极具代表性。

一、科学甄别,精准定罪量刑

从定性方面来看,检察机关根据犯罪嫌疑人行为方式和目的,分别精准定性为假冒注册商标罪和销售假冒注册商标的商品罪。从犯罪客体角度,假冒注册商标罪侵犯权利人的商标专用权和商标管理秩序,未经许可在同一种商品、服务上使用相同的商标。该类犯罪中,罪犯往往针对美誉度高的商标进行"搭便车",直接损害商标的识别来源功能,对商标专用权造成即刻损害。对比而言,销售假冒注册商标的商品罪并不直接损害商标的识别功能,通常不会对其造成直接损害。而是以流通假冒商品的方式分流市场上正品商品的相关市场。长此以往,不仅降低消费者心中的

商标声誉,更会贬损商标的品质同一性。实践中,不乏犯罪嫌疑人同时实施假冒行为和销售假冒商品行为,或者为实施上述行为进行准备。最高人民法院、最高人民检察院、公安部印发《关于办理侵犯知识产权刑事案件适用法律若干问题的意见》(法发〔2011〕3号)也明确规定,"销售明知是假冒注册商标的商品,具有下列情形之一的,依照刑法第二百一十四条的规定,以销售假冒注册商标的商品罪(未遂)定罪处罚"。本案中,张某某、王某以"来样定制"方式,未经注册商标所有人许可,生产假冒"MLB"注册商标的帽子上万件,构成假冒注册商标罪。其余人员主要参与商品销售,构成销售明知是假冒注册商标的商品罪。厦门市思明区人民检察院及时纠错,将侦查机关认定的犯罪嫌疑人张某某、王某销售假冒注册商标的商品罪的事实罪名改变为假冒注册商标罪。

从定量方面来看,检察机关精准确定案件犯罪数额。本案涉及14名犯罪嫌疑人,侵害行为分别构成假冒注册商标罪和明知是假冒注册商标的商品罪,精准计算涉案金额颇具难度。尤其本案中,犯罪嫌疑人众多,犯罪行为持续发生,不免导致证据分散。厦门市思明区人民检察院善用线上线下证据,一方面梳理上下游犯罪记录,另一方面比对订购下单、入仓对账、分销发货表格的品名、数量、时间等信息。最终,检察机关得以精准计算本案犯罪数额929.04万元,既关乎犯罪定性更影响犯罪量刑。

二、畅通机制,协同全面保护

本案一大亮点在于"侦审诉"过程中体系化机制的建立和采用。审查起诉阶段,检察机关依托全国首创的跨区域、跨部门、跨层级"知识产权协同保护中心",实现检察、公安、行政通力协作,及时发现另案线索。退回补充侦查后,检察机关又力促召开行政、公安、检察联席研讨会,跨区域整合侦查力量,打击链条的上下游违法犯罪行为。协同全面的大保护、严保护格局需要有效机制从中勾连。

该案中的协同机制呈现出跨部门、跨区域、跨线上线下等特点,助力案件高质高效办理。首先,厦门市公安局思明分局接厦门市思明区市场监督管理局线索启动侦查,厦门市思明区人民检察院基于集中管辖规定与公安机关始终保持良性互动。甚至在"知识产权协同保护中心"发现犯罪嫌疑人张某某还涉嫌另一起由厦门市公安局翔安分局在侦的销售假冒注册商标的商品案件。案件确权方面,思明、翔安两区公安机关、市场监督管理部门多次进行案件会商提供意见。其次,案件退回补充侦查阶段,多方研讨会后整合思明、翔安两区域侦查力量系统打击案件外的销售违法犯罪行为。再次,在数据计算过程中,梳理犯罪嫌疑人与其下游同案犯通联记录831G,对比线下交易单据,促成线上线下证据互采互补。综合来看,本案办理过程充分展现了数字化时代办案方式、机制的因应变化,畅通的机制也为全面高水平知识产权保护提供有力支撑。

三、体系治理,提升营商环境

惩戒犯罪只是手段,系统根治才是目的。针对市面上流通的假冒商品,既要溯源生产者,也要切断流通链。本案中,检察机关准确定性,将张某某、王某销售假冒注册商标的商品罪的事实罪名改变为假冒注册商标罪,其余犯罪嫌疑人侵害行为认定为假冒注册商标的商品罪。如此,检察机关推动对直接损害行为和间接损害行为同步打击,系统治理"搭便车"引发的损害权利人私益和市场秩序公益的行为。为防止类似犯罪行为滋生反复,检察机关推动犯罪嫌疑人和权利人积极沟通,及时达成民事赔偿、和解。除此之外,厦门市思明区人民检察院还敦促本案及关联案件共计5件14人全部自愿认罪认罚并签署具结书,综合实现惩戒、警示、教育多功能价值。

该案办理过程中,检察机关以案件促机制,以机制促治理,最终可以有效提升本地营商环境。知识产权保护是创新的保障,系统打击治理商标标识类违法犯罪行为是形成良性竞争市场的重拳高招。在数字化时代,检察机关通过畅通及时的体系化保护机制共享信息、联动办案、提质增效,对内可以朝实现现代化治理目标迈进,对外则可以持续优化营商环境,形成健康的市场竞争秩序。

14.张某某等十六人生产、销售伪劣产品案[*]

【关键词】 引导侦查；外籍人犯罪；共同犯罪责任区分

【要　旨】 检察机关在办理以隐蔽手段实施的生产、销售假冒伪劣产品案件中，应引导公安机关围绕通联记录、手机数据、监控记录等客观证据进行取证和梳理，从客观证据中总结其作案的模式和规律，是准确查明事实、排除被告人无罪辩解的基础。对于有外国籍人员参与的犯罪，应注重从其所在国的法律规定、现场细节来判断其主观明知。对于团队犯罪中地位作用相当的被告人，需要从其参与程度、分工环节、依附性等角度来确定其罪责大小。

【基本案情】

2019年年初，被告人张某某、吴某某商议要生产假烟牟利，找来吕某某、黄某甲及蔡某某，五人共谋合股在厦门市同安区设立假烟生产窝点。同年3月至4月，先后雇佣被告人叶某甲、叶某乙、叶某丙、颜某某、黄某乙、林某某、赵某某、达某某、阮某某、罗某某、农某某、黄某丙等人共同进行生产加工假烟活动，通过接收漳州市云霄县客户提供的原辅材料运至同安生产窝点加工，再将加工完成的散支烟运输至漳州市云霄县交给客户，从中赚取生产假烟的加工费。

其中，被告人吴某某、张某某采购制烟机器，吴某某亦负责联系部分客户及生产窝点手机、配件等用品的购买邮递；被告人吕某某购买用于在

---

[*] 案件承办人、案例撰写人：江羽佳，系厦门市思明区人民检察院一级检察官。本文评析人：林秀芹，系厦门大学知识产权研究院院长、教授、博士生导师，法学博士。

同安运输假烟及原辅材料的三辆汽车、租赁厦门市同安区莲花镇云埔村龙门中路某旧厂房作为生产假烟窝点,租赁厦门市同安区某里、同安区溪声某里作为仓储窝点,并负责假烟原辅材料和散支烟在各窝点到同安区中转点之间的运输;被告人黄某甲负责联络客户并安排人员与客户对接原辅材料及散支烟;被告人叶某甲、叶某乙、叶某丙参与假烟原材料和散支烟在窝点之间以及窝点与同安区中转点间的运输;被告人颜某某、农某某参与原辅材料和散支烟的搬运;被告人黄某乙负责对生产假烟的日常账目记账;被告人林某某参与生产假烟班组的现场管理并负责将生产的假烟装箱称重;被告人陈某某参与管理现场工人,并负责为工人采买日常生活日用品;被告人赵某某、达某某、阮某某、罗某某负责生产假烟过程的捧烟丝和散支烟装箱;被告人黄某丙参与为假烟生产活动采买工作手机及文具、邮寄烟机配件等。

2019年5月10日,公安机关查获上述生产和仓储窝点,缴获散支烟及卷烟机、接嘴机、烟丝、盘纸、滤嘴棒等作案工具。经鉴定,上述现场查获的散支烟均是假冒注册商标且伪劣卷烟。其中,伪劣卷烟价值人民币678万余元,烟丝等卷烟辅料价值人民币56万余元,合计价值人民币734万余元。被告人到案后,叶某甲、林某某最初拒不认罪,其余有一部分被告人仅如实供述部分犯罪事实。最终,在侦查机关收集梳理的大量客观证据面前,上述被告人全部如实供述犯罪事实。

【诉讼过程】

2019年3月,厦门市公安局思明分局根据工作线索发现一个团伙从云霄县等地运输制造卷烟的原辅材料至同安区某工业区一带进行货物交接后,将制假原料转运至同安区生产窝点制成假烟半成品。经侦查,厦门市公安局思明分局于2019年5月10日分别在漳州市云霄县抓获张某某、吴某某、黄某甲、黄某乙、黄某丙,在厦门市同安区抓获吕某某、林某某、农某某、罗某某、赵某某、达某、阮某某、颜某某、叶某丙;于2022年12月4日在漳州市云霄县抓获陈某某。

2019年11月26日,厦门市人民检察院对被告人吕某某、吴某某、张某某、黄某甲、林某某、叶某甲、叶某乙、叶某丙、颜某某、黄某乙、赵某某、

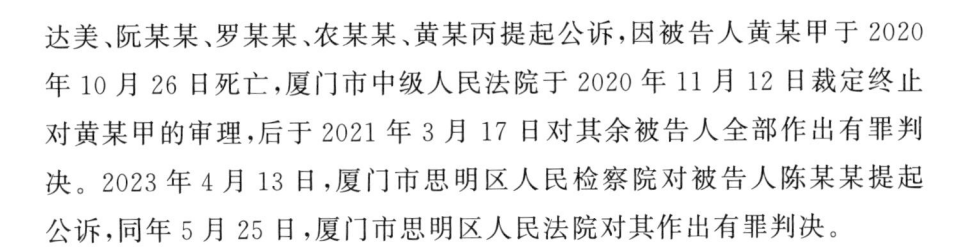

达美、阮某某、罗某某、农某某、黄某丙提起公诉,因被告人黄某甲于2020年10月26日死亡,厦门市中级人民法院于2020年11月12日裁定终止对黄某甲的审理,后于2021年3月17日对其余被告人全部作出有罪判决。2023年4月13日,厦门市思明区人民检察院对被告人陈某某提起公诉,同年5月25日,厦门市思明区人民法院对其作出有罪判决。

【检察履职情况】

2022年5月11日,厦门市公安局思明分局经立案侦查,对吴某某等15人以涉嫌生产、销售伪劣产品罪采取刑事拘留。因涉及人员众多,且存在外国籍人员参与犯罪的情况,公安机关商请检察机关提前介入。提前介入后,检察机关围绕本案的作案模式、联络规律、作案窝点选择等方向引导公安机关进行侦查。2022年6月5日和2022年6月10日,厦门市公安局思明分局先后以吴某某等15人涉嫌生产、销售伪劣产品罪向检察机关移送审查逮捕。检察机关分别于2022年6月12日、2022年6月17日,以涉嫌生产、销售伪劣产品罪对吴某某等15人批准逮捕。2023年1月12日,厦门市公安局思明分局以陈某某涉嫌生产、销售伪劣产品罪移送检察机关审查逮捕,检察机关于2023年1月19日对其批准逮捕。

该案经厦门市中级人民法院、厦门市思明区人民法院审判,全面采纳检察机关审查逮捕阶段确认的事实、罪名和量刑情节。其中,对吴某某等16名被告人判处七年至十四年不等的有期徒刑。

【典型意义】

一、充分发挥检察职能,有效引导公安机关侦查取证

审查逮捕阶段,检察机关面临被告人到案后拒不认罪,团伙采用分组活动、单线联系、多地点隐蔽作案等诸多反侦查手段,从点到面对证据进行分析,要求公安机关将被告人背景资料、通联记录、手机基站位置等进行整理对照,将作案地点周边监控、被告人租赁车辆行驶卡口记录、缴获的账本记录细节等证据进行梳理比对,总结出被告人联络、运输、生产、出货的时间规律和分工模式,逮捕涉案人员后,继续引导公安机关在总结客观证据的基础上,加强释理说法工作。

二、在多环节的制假、售假团队犯罪中,不仅需要对主从犯进行区分,还应针对主犯之间、从犯之间罪责大小收集证据

梳理近几年涉假案件情况发现,从事制假、售假的犯罪分子以地域或家族关系为纽带,形成区域性犯罪团伙,实施幕后组织策划等犯罪活动,同时在各地利诱他人加入犯罪团伙,形成从幕后组织到实施制假、运假、售假的产业化犯罪链条。为获得制售假冒卷烟的巨额利润,制假分子还会通过增设环节、细化分工的方式提高效率、规避侦查。

复杂共同犯罪行为,犯罪团伙内部具有一定的组织架构,犯罪行为明确分工,每一行为主体的单独行为并不完全具备完整的行为结构,但经过组合后整体行为能够全面满足具体犯罪的行为要件。因此在收集证据中应注意针对各被告人在参与时间、知情程度、人身依附性、行为危险性等方向的取证工作,考察各被告人自身情况、犯罪前后表现来确定各被告人应承担的罪责程度。

三、涉及境外人员、外国籍人员参与犯罪的,应通过犯罪行为模式、外籍人员国籍所在国的立法规定来判断外国籍人员的主观明知情况

犯罪团伙雇佣外国籍人员参与犯罪,可以强化外国籍人员的人身依附性,也能利用外国籍人员由于沟通障碍而无法准确表达的特点,实现反侦查目的。在办理外国人犯罪案件的过程中,检察机关需要加强和公安机关的密切联系,首先应确认外国籍人员所属国籍,其次结合国籍、被告人个人情况来分析论证被告人应承担的罪责。重点审查直接管理人员对外国籍被告人的注意提示、被告人所在国对于卷烟生产管理的相关规定、被告人对现场环境的描述,综合考量外国籍被告人对于参与活动性质的主观认知。

【案例评析】

一、本案适用规范与学理

(一)外籍人员故意生产伪劣产品的主观认定

根据《刑法》第 14 条第 11 款对故意犯罪的规定,明知自己的行为会发生危害社会的结果,并且希望或者放任这种结果发生,因而构成犯罪

的,是故意犯罪。根据《刑法》第140条的规定,生产、销售伪劣产品罪是指生产者、销售者在产品中掺杂、掺假,以假充真,以次充好或者以不合格产品冒充合格产品。根据《最高人民法院、最高人民检察院关于办理非法生产、销售烟草专卖品等刑事案件具体应用法律若干问题的解释》(法释〔2010〕7号)第2条第1款的规定,伪劣卷烟、雪茄烟等烟草专卖品尚未销售,货值金额达到《刑法》第140条规定的销售金额定罪起点数额标准的三倍以上的,或者销售金额未达到五万元,但与未销售货值金额合计达到15万元以上的,以生产、销售伪劣产品罪(未遂)定罪处罚。本案中,被告生产伪劣卷烟,虽然尚未销售,但查获金额已远超15万元,客观上足以认定构成生产、销售伪劣产品罪(未遂)。但在认定主观心理态度时,生产、销售伪劣产品罪成立的主观方面只能出于故意,过失无法构成本罪,检察院对外国籍人员的主观准确认定有助于区分罪与非罪。

故意的通说观点认为,故意由认识与意志两方面因素构成,在法条规定中,明知为故意的认识因素,希望或放任为故意的意志因素。[1] 明知的认定需要根据犯罪主观要件与犯罪的客观、客体要件的联系,明知的内容应当包括法律所规定的构成某种故意犯罪所不可缺少的危害事实,即作为犯罪构成要件的客观事实。本案中,面对被告人辩称自己为外国籍员工,对生产假烟在国内属于犯罪行为不知情的辩解,思明区检察机关通过收集被告人供述,证实被告人员均受到管理人员警告,要求被告人员一旦发现公安人员就立即逃跑。这足以佐证外国籍人员通过正常逻辑即可判断自身生产行为的非法性。再对被告人员居住状况进一步调查,了解到生产假烟的工人全天候生活生产在一起,以此佐证只需要部分工人意识到生产行为的不合法,便足以认定所有工人应当知道生产行为不合法。最后对于被告人所主张对于中国香烟管控不了解的辩解,检察机关通过对越南相关法规的调查,证明即便在越南香烟也属于专营专卖物品,以此论证被告人对于行为具有违法性认识。厦门市思明区人民检察院准确把握犯罪故意的认定逻辑,分别从当事人可能存在的事实认识错误与法律认识错误两方面推进证据的收集,以此保证对于外国籍人员主观明知的

---

[1] 陈兴良:《刑法中的故意及其构造》,载《法治研究》2010年第6期。

正确认定,在打击犯罪与保障人权之间达成和谐统一,有力地打击生产伪劣烟草犯罪。

(二)区分共同犯罪中主犯和从犯责任大小

我国《刑法》采取以作用为主,兼顾分工的标准,对共同犯罪人进行分类。根据作用的不同,共同犯罪人被划分为主犯与从犯;根据分工的不同,共同犯罪人被划分为正犯与共犯。[①] 主犯与从犯概念由立法明文规定,决定量刑;正犯与共犯概念或由立法明文规定,或能够从共犯立法中间接推知决定定罪。[②] 一般来说,虽然法条规定主从犯的区分以共犯人在共同犯罪中所起的"作用大小"为依据,但从实际发生的共同案件来看,"犯罪分工"往往对于认定"犯罪作用"具有不可替代的意义。大部分共犯按照其在共同犯罪中的分工即可大致确定其所起作用大小,并相应地认定为主犯或者从犯。但在实务中往往存在两种偏向:一是对"犯罪作用"掌握不足,判断"作用大小"时缺乏客观的标准,因而缺乏对于主从犯的区分;二是过分看重犯罪分工,进而忽略了共犯人在实行犯罪之外,在犯意形成及共谋犯罪阶段所起的作用,进而缩小了主犯的认定范围。

在本案中,犯罪团队中出资股东在对接客户、选择作案窝点、统筹推进准备方面各有分工;股东之外的人员则分散在运输、生产、财务、后勤等环节,且内部为生产需要做进一步区分。对于此类复杂共同犯罪的定罪问题,有学者主张部分犯罪共同说,也有学者主张行为共同说,但无论依照何种学说,本案当事人之间虽行为不同,主观上均具有生产假烟的故意,都足以认定存在生产、销售伪劣商品行为的共犯。在量刑方面,检察院在收集证据时,实现基于客观证据对主从犯进行区分,同时关注主犯之间、从犯之间也存在罪责大小的差异。在收集证据过程中通过针对各被告人在参与时间、知情程度、人身依附性以及行为危险性各方向取证,进而在量刑建议中体现不同主从犯之间的罪责差异。对于共同犯罪人的区别对待,以界定各共犯人承担的刑事责任,是检察院坚持罪责刑相适应原则的体现。

[①] 周啸天:《正犯与主犯关系辨正》,载《法学》2016年第6期。
[②] 刘艳红:《共谋共同正犯论》,载《中国法学》2012年第6期。

（三）引导侦查，检警协作，由点及面收集证据，引导公安有效取证

最高人民检察院制定下发《2018—2022年检察改革工作规划》（以下简称《改革规划》），进一步明确新时代检察改革的方向和路径，并经中央司法体制改革领导小组会议审议通过，改革规划的印发标志着新一阶段的检察改革正式踏上征程。《改革规划》中提出"推动建立公安机关办理重大、复杂、疑难案件听取检察机关意见和建议制度"的重大疑难案件听取机制。最高人民检察院、公安部联合发布的《关于健全侦查监督与协作配合机制的意见》中进一步要求健全完善"公安机关办理重大、疑难案件，可以商请人民检察院派员通过审查证据材料等方式，就案件定性、证据收集、法律适用等提出意见建议"的协作配合方式。本案中，厦门市思明区人民检察院面对被告人到案后拒不认罪，团队采用分组活动、单线联系、多地点隐蔽作案的反侦查犯罪模式等诸多问题，对证据进行由点到面的分析，围绕作案模式、联络规律、作案窝点选择等事实引导公安机关进行侦查，为准确查明事实，排除被告人无罪辩解奠定基础。

《宪法》第129条、第135条，《刑事诉讼法》第7条、第8条是检察引导侦查的法律依据。其一是宪法所赋予的检察机关的法律监督机关地位，其二是"分工负责、互相配合、互相制约"的原则。虽然现行法律赋予检察机关法律监督的权力流于空泛，并未配套相应的法律制度，也未明文规定检察机关对侦查机关的侦查活动具有引导权力，但现阶段宪法和法律赋予检察机关的法律监督权为检察机关引导侦查提供一定的法律根据，理由如下：其一，宏观层面上，党的十九大提出深化司法体制综合配套改革、全面落实司法责任制。《改革规范》要求全面落实党的十八大、十九大部署的司法体制改革任务，深化综合配套改革举措，保持改革工作的连续性和力度的持续性。改革是检察工作发展的动力，但改革要在法制的范畴内进行。从法律监督职能出发，既可以使检察引导侦查机制的运行符合现行法律规定，又可以为机制创新扩宽空间。其二，从微观上讲，侦查作为刑事诉讼立案、侦查、提起公诉、审判、执行五个阶段的一环，检察机关依法享有对侦查机关刑事案件侦查活动实行监督的权力，这种监督不能局限于被动的、事后的监督。其三，检察引导侦查使检察机关空泛的法律监督得以具体化、实质化。通过检察引导侦查，真正实现将抽象的检

察监督职能转化为具体的、可操作性的法律监督制度体制,最终达到权力约束权力的理想的法治境界。

综上,检察机关提前介入引导侦查是具有法理基础与法律指引的优秀机制,本案是检察机关引导侦查取证取得优良效果的典型案例。

二、本案的社会价值

本案中,检察机关展现对侦查监督与协作配合机制的理解与创新。"以审判为中心"一直是我国刑事诉讼改革的基本准则,改革要求坚持证据裁判原则,确保侦查、审查起诉的案件事实证据能经得起法律检验。适度提前介入引导侦查取证,是检察机关积极适应以审判为中心的刑事诉讼制度改革要求的重要探索。在本案中,检察机关面对证据调查困难,案情复杂,犯罪团队细化分工,外籍人员难以沟通等一系列难题,坚持"以法律为依据,以事实为准绳",通过有效引导公安侦查取证,基于客观证据总结作案模式与犯罪分工,坚持做到"办案同在、取证同力、协调同时、监督同步",为构建检察引导侦查机制提供宝贵的经验。在实体层面,对于被告人员主观定性、主从犯罪责承担等问题,厦门市思明区人民检察院坚持立足于充足的事实证据,准确把握法律的适用逻辑,综合多方面对当事人主观色彩进行定性,在充分的客观证据面前,使15名被告人均能如实供述犯罪事实,切实保障国家烟草管理秩序的稳定。

15.厦门某甲公司、厦门某乙公司、王某某、江某等假冒注册商标案[*]

【关键词】 假冒注册商标罪；赔偿谅解；宽严相济；认罪认罚

【要　旨】 检察机关在假冒注册商标刑事案件中，通过比对商标权利人销售商品的出库单与被告人所销售同款商品数量、定制假冒注册商标包装袋数量，精准认定销售数量和非法经营数额。加强释法说理，促使各被告人自愿认罪认罚，向商标权利人元洪面粉食品（福建）有限公司（以下简称元洪公司）赔礼道歉，并赔偿损失人民币32万元，取得元洪公司谅解。全面贯彻宽严相济的刑事政策，按照各成员的地位作用，依法分层分类处理，确保罪责刑相适应。

【基本案情】

2020年8月，江某、王某某在经营厦门某甲食品有限公司（以下简称厦门某甲公司）期间，因拖欠面粉供货商元洪公司货款，无法从元洪公司采购到"石竹山牌"面粉。后经二人商议，共同决定采购其他品牌面粉，通过拆换包装方式，假冒"石竹山牌"面粉对外销售。2021年4月，江某、王某某又成立厦门某乙食品有限公司（以下简称厦门某乙公司），继续拆换包装，假冒"石竹山牌"面粉对外销售。

其中，王某某系厦门某甲公司、厦门某乙公司法定代表人。江某作为负责厦门某甲公司、厦门某乙公司日常销售管理人员，负责采购面粉并组

---

[*] 案件承办人、案例撰写人：江羽佳，系厦门市思明区人民检察院一级检察官；杨帆，系厦门市思明区人民检察院检察官助理。本文评析人：董慧娟，系厦门大学知识产权研究院教授、博士生导师，法学博士。

织工人拆换包装、联系生产商制作假冒"石竹山牌"面粉包装袋,还伪造"石竹山牌"面粉检验报告。林某于2020年年初入职厦门某甲公司,负责厦门某甲公司、厦门某乙公司仓库管理及部分财务管理工作,还受江某指示负责联系生产商购买假冒"石竹山牌"面粉包装。李某自2020年11月入职厦门某公司,先后负责为厦门某甲公司、厦门某乙公司采购符合厦门福禾食品有限公司技术指标的面粉并组织工人拆换包装,并根据江某指示负责伪造"石竹山牌"面粉检验报告。

2020年8月至2021年3月,厦门某甲公司非法经营数额共计人民币102.55万元,违法所得人民币4.071万元;2021年4月至2021年11月,厦门某乙公司非法经营数额共计人民币120.702万元,违法所得人民币4.393万元。

2021年11月,厦门市同安区市场监督管理局在厦门福禾食品有限公司原料库内查获厦门某乙公司销售给厦门福禾食品有限公司的假冒"石竹山牌"面粉33.85吨。2021年11月,厦门市翔安区市场监督管理局在厦门某甲公司和厦门某乙公司经营场所内查获假冒"石竹山牌"65号专用面粉包装袋50个。

【诉讼过程】

厦门市市场监督管理局于2022年2月8日将案件移送至厦门市公安局。经审查,厦门市公安局于2022年2月10日立案侦查。犯罪嫌疑人王某某已于2022年2月10日经民警通知主动到案,犯罪嫌疑人李某、林某已于2022年2月11日向我局投案,犯罪嫌疑人江某已于2022年2月14日向厦门市公安局投案,均于到案当日被取保候审。

本案由厦门市公安局侦查终结,以被告单位厦门某甲公司、厦门某乙公司,被告人王某某、江某、李某、林某涉嫌假冒注册商标罪,于2022年6月28日向厦门市人民检察院移送起诉。厦门市人民检察院于2022年7月1日将本案移交厦门市思明区人民检察院审查办理。

2022年8月1日,厦门市思明区人民检察院以假冒注册商标罪对被告单位厦门某甲公司、厦门某乙公司,被告人王某某、江某、李某、林某提起公诉。2022年8月12日,厦门市思明区人民法院以假冒注册商标罪,分别判处被告单位厦门某甲公司、厦门某乙公司罚金各人民币一万元,被告人王某某等四人有期徒刑一年四个月至二年十个月不等,均适用缓刑,并处罚金人民币五千元至十万元不等。两家被告单位及四名被告人均未提出上诉,判决已生效。

【检察履职情况】

厦门市思明区人民检察院重点开展以下工作:

一是准确认定犯罪数额。厦门市思明区人民检察院全面审查证据材料,向公安机关提出调取厦门福禾食品有限公司购买各品种"石竹山牌"面粉的入库清单,并与元洪公司供货给厦门某甲公司的提货单、厦门某甲公司和厦门某乙公司购买其他品牌面粉数量清单,以及订购仿冒"石竹山牌"面粉包装袋的数量进行比对,最终确定厦门某甲公司和厦门某乙公司的销售金额及获利情况,从而认定厦门某甲公司、厦门某乙公司非法经营数额及违法所得情况。

二是积极开展追赃挽损工作。通过充分释法说理,促成被告人王某某、江某、李某、林某认罪认罚,向元洪公司赔礼道歉并赔偿损失人民币32万元,取得元洪公司谅解。敦促厦门某甲公司、厦门某乙公司于起诉前退出全部违法所得,共计人民币8.464万元。

三是引导权利人实质性参与诉讼。向权利人送达诉讼权利义务告知书,充分听取其意见。推动权利人实质性参与诉讼,降低维权成本。

四是在认定共同犯罪的基础上,精准区分不同人员的罪责。审查过程中发现,部分人员入职时间较晚,不应对全部犯罪金额负责。此外,在共同犯罪中,对从事组织、管理等人员依法认定为主犯,对部分人员系受雇佣参与部分制假环节,参与程度较低、作用较小、获利较少的人员依法认定为从犯,实现对各人员的处理与罪责刑相适应。

【典型意义】

一、夯实证据基础,准确认定非法经营数额

本案中,厦门某甲公司于案发前曾长期经销元洪公司商品,因拖欠货款被取消合作。基于公司日常经营中存在囤货等客观情况,在长期的经营过程中,厦门某甲公司在进购商品与销售商品之间客观上存在一定时间差。元洪公司停止向厦门某甲公司供货的时间,并非厦门某甲公司犯罪行为的开始时间。确定犯罪行为开始时间,是认定非法经营数额的基础,也是本案办理难点之一。通过对商标权利人元洪公司、两个被告单位厦门某甲公司和厦门某乙公司、涉案面粉最终流向的厦门福禾食品有限公司、制假原材料面粉销售方以及面粉包装袋制作方等各方证据进行比对,精准认定犯罪行为开始时间,准确认定侵权产品的销售数额,即厦门某甲公司和厦门某乙公司的非法经营数额。

二、推动权利人实质性参与案件办理,加强释法说理工作

检察机关在办理假冒注册商标案件中,全面、多次听取商标权利人诉求,引导商标权利人实质性参与案件办理,最大限度地维护商标权利人的合法权利。同时,耐心听取各被告人意见,加强释法说理工作,促使被告人深刻认识其自身行为的违法性,以及假冒他人注册商标可能给商标权利人以及经济社会造成的影响,从源头防止侵权行为的再度发生。审查起诉阶段,各被告单位、被告人均真诚向商标权利人赔礼道歉,并赔偿商标权利人经济损失人民币 32 万元,取得商标权利人谅解。

三、贯彻宽严相济的刑事政策,确保共同犯罪各人员处理罪责刑相适应

本案涉案人员包括公司法定代表人、公司实际经营人,以及受雇从事技术生产工作、财务管理的工作人员,涉案人员较多,存在一定分工,检察机关充分考虑共同犯罪中每个人的犯罪行为、参与程度、违法所得等情况,准确评价各行为人的刑事责任。

四、充分发挥认罪认罚从宽制度优势,积极开展追赃挽损工作

检察机关除进行充分的释法说理外,还向被告人告知认罪认罚从宽制度的相关规定:"主动认罪优于被动认罪,早认罪优于晚认罪,彻底认罪优于不彻底认罪,稳定认罪优于不稳定认罪",以及不同诉讼阶段给予不同的从宽幅度的量刑规则,激励各被告人尽早认罪认罚。最终各被告人均表示认罪、悔罪。此外,检察机关积极开展追赃挽损工作,促使被告人自愿赔偿,并全额退出所有违法所得,有效助力商标权利人挽回经济损失,护航企业高质量发展。

【案例评析】

一、合理计算违法所得数额，准确认定罪量要素

《中华人民共和国刑法修正案（十一）》将销售假冒注册商标的商品罪的罪量要素从"销售金额"变为"违法所得及其他严重情节"。而目前实体法和程序法均未对违法所得数额的内涵作出明确规定。各司法解释对"违法所得数额"尚未形成统一标准，有"扣除成本说"和"不扣除成本说"两种观点。扣除成本说认为"违法所得"系行为人通过犯罪行为获得的扣除成本后的净利益。[①] 如《关于审理非法出版物刑事案件具体应用法律若干问题的解释》（法释〔1998〕30号）第17条规定，"本解释所称'违法所得数额'，是指获利数额"。不扣除成本说认为"违法所得"系行为人通过实施犯罪直接或者间接获得的全部收入。如《关于适用犯罪嫌疑人、被告人逃匿、死亡案件违法所得没收程序若干问题的规定》（法释〔2017〕1号）第6条规定的"通过实施犯罪直接或者间接产生、获得的任何财产，应当认定为刑事诉讼法第二百八十条第一款规定的'违法所得'"。这导致司法实践中，违法所得的认定标准混乱和诉讼参与人权益受损。对此，笔者赞同本案检察机关的观点，即"违法所得"系行为人通过犯罪行为获得的扣除成本后的净利益。赞成这种观点的理由如下：

首先，《最高人民法院、最高人民检察院关于办理侵犯知识产权刑事案件具体应用法律若干问题的解释》（法释〔2004〕19号）中涉及"非法经营数额""违法所得数额"和"销售金额"三组概念，并指出"非法经营数额"是指行为人在实施侵犯知识产权行为过程中，制造、储存、运输、销售侵权产品的价值；"销售金额"是指销售假冒注册商标的商品后所得和应得的全部违法收入。此"销售金额"的概念与不扣除成本说认为的违法所得数额相似，一个文件中同时出现的两组概念不会指代同一内容，由此可见，此解释中"违法所得数额"采取的应是扣除成本说的观点。

[①] 成懿萍：《"违法所得"司法适用中的疑难问题》，载《中国检察官》2019年第12期。

其次,虽然现有的司法解释对"违法所得数额"的计算方法未形成统一的观点,但国家知识产权局在《国家知识产权局关于商标侵权案件中违法所得法律适用问题的批复》(国知发保函字〔2021〕206号)中指出,知识产权执法部门可以依照现行有效的《工商行政管理机关行政处罚案件违法所得认定办法》第2条的规定来认定违法所得,即"以当事人违法生产、销售商品或者提供服务所获得的全部收入扣除当事人直接用于经营活动的适当的合理的支出,为违法所得"。该批复表明国家知识产权局认为在商标侵权案中违法所得的计算应采取扣除成本说。而本案涉嫌的罪名为假冒注册商标案,系与商标相关的案件,故上述批复具有一定的可参考性。

本案中,厦门市思明区人民检察院全面审查证据材料,向公安机关提出调取厦门福禾食品有限公司购买各品种"石竹山牌"面粉的入库清单,并与元洪公司供货给厦门某甲公司的提货单、厦门某甲公司和厦门某乙公司购买其他品牌面粉数量清单,以及订购假冒"石竹山牌"面粉包装袋的数量进行比对,确定销售给厦门福禾食品有限公司最后一批真正"石竹山牌"面粉的时间。该时间之后所有厦门某甲公司、厦门某乙公司所销售"石竹山牌"面粉均系假冒注册商标的商品。最终以该时间点之后的销售金额及获利情况分别认定厦门某甲公司非法经营数额共计人民币102.55万元,违法所得人民币4.071万元;厦门某乙公司非法经营数额共计人民币120.702万元,违法所得人民币4.393万元。

二、坚持罪刑相适应,合理界分共同犯罪各人员的责任

尽管共同犯罪中的责任可能是连带的,但责任的个别判断是必要的。共同犯罪中责任的认定需要综合考虑共同犯罪的概念、责任区分、主犯与从犯的区别、预见性和自愿承担风险,以及责任的个别判断等多个因素。每个参与者的行为和意图都需要单独评估,以确保公正合理的刑事责任分配。侵犯注册商标犯罪案件往往呈现涉案人数多,团伙作案,分工有序地实施犯罪的特点。实践中,对于案涉人员,检察机关应结合主观意图、参与程度等因素综合判断是否构成共同犯罪。本案参与人员众多,包括公司法定代表人、公司实际经营人和受雇从事技术生产工作、财务管理的

工作人员等。检察机关在认定上述人员成立共同犯罪后,充分考虑每个共犯的犯罪行为、参与程度、违法所得等情况,将参与决策的公司法定代表人以及从事组织、管理的实际经营人员认定为主犯,将受雇佣仅参与制假犯罪中的技术生产、出入库登记等环节,作用较小、获利较少的人员依法认定为从犯,并以此划分不同成员的刑事责任,实现对共同犯罪中各成员的分层处理,确保各被告人罪责刑相适应。

三、深入理解认罪认罚从宽制度,确保办案"三个效果"有机统一

认罪认罚从宽制度是我国刑事诉讼法中的一项重要制度,旨在通过鼓励犯罪嫌疑人或被告人如实供述罪行并接受处罚来实现司法效率和公正的平衡。适用认罪认罚从宽制度,能充分发挥刑事司法惩罚警示功能、教育矫治功能和保障人权功能,确保办案"三个效果"有机统一。"认罪"的内涵是指犯罪嫌疑人或被告人自愿如实供述自己的罪行,对指控的犯罪事实没有异议。认罪包括在侦查阶段如实供述犯罪行为和事实,审查起诉阶段对指控的罪名无异议,并在审判阶段认可检察机关提出的量刑建议。[1]"认罚"是指愿意接受处罚。认罚在不同的诉讼阶段有不同的表现,在侦查阶段表现为愿意接受处罚;在审查起诉阶段表现为接受检察机关拟作出的起诉或不起诉决定,认可检察机关的量刑建议,签署认罪认罚具结书;在审判阶段表现为当庭确认并自愿签署具结书,愿意接受刑罚处罚。[2]

本案被告人认为,其用于冒充商标权利人商品的原材料面粉等级高于商标权利人商品面粉等级,所制造的假冒注册商标的面粉品质高,不会影响商标权利人商誉。此外,被告人还表示其造假仅是暂时的,偿还商标权利人货款后,继续与商标权利人合作,主观恶性较低。被告人对于主要犯罪事实供认不讳,但对于个别事实的法律定性存在疑惑是检察机关办理案件时要适用认罪认罚从宽制度普遍遇见的情形。值得一提的是,认

---

[1] 孙长永:《认罪认罚从宽制度的基本内涵》,载《中国法学》2019年第3期。
[2] 苗生明、周颖:《〈关于适用认罪认罚从宽制度的指导意见〉的理解与适用》,载《人民检察》2020年第2期。

罪认罚从宽制度中"认罪"的概念比较宽泛,"认罪"实质上就是认事,即承认主要的犯罪事实,犯罪嫌疑人、被告人对指控的个别细节有异议或者对行为性质的辩解,不影响认罪的认定。① 在本案中,被告人对行为性质提出辩解但表示接受司法机关认定意见,不影响"认罪"的认定。故检察机关认为本案可以适用认罪认罚从宽制度。在检察机关向本案被告人充分释明被告人行为的法律性质及评价,并向其告知认罪认罚从宽制度的相关规定后,各被告人均表示认罪、悔罪,并于审查起诉阶段认罪认罚,有效节约司法资源,提升诉讼效率。

---

① 杨立新:《认罪认罚从宽制度理解与适用》,载《国家检察官学院学报》2019年第1期。

16.邱某某销售假冒注册商标的商品案*

【关键词】 引导侦查;诈骗罪;销售假冒注册商标的商品罪;法律适用;刑法溯及力

【要　旨】 检察机关在办理销售假冒注册商标的商品案件中,应当围绕涉案产品来源、行为人主观明知等核心事实,引导公安机关补充侦查。对行为人以欺诈手段实施销售假冒注册商标的商品的,应当查明行为人是否具有刑法意义上的非法占有目的,对于不具备的,应当以销售假冒注册商标的商品罪进行认定。对于犯罪行为发生后法律修改的,应当依照从旧兼从轻原则适用法律。

【基本案情】

2020年10月,被告人邱某某谎称其系中国某建设集团某公司市场开发部总监,能够原价购买2013年份的贵州飞天茅台酒,可按人民币1500元(币种下同)每瓶的价格出售给被害人解某。二人约定,被告人邱某某以18万元的价格出售20箱(每箱6瓶)2013年份贵州飞天茅台酒给被害人解某。

2020年10月22日,被害人解某将18万元购酒款转到被告人邱某某妻子孙某某的银行账户。同年10月26日,被告人邱某某以2.4万元的价格向朱某某(另案处理)购买10箱假冒"飞天茅台"注册商标的白酒。同年11月3日,被告人邱某某收到上述10箱假冒"飞天茅台"注册商标

---

* 案件承办人:邱晨帆,系厦门市思明区人民检察院四级高级检察官;王文俊:系厦门市思明区人民检察院检察官助理。案例撰写人:王文俊。本文评析人:李晶,系厦门大学知识产权研究院助理教授、硕士生导师,法学博士。

的白酒后,当晚驾车将该批酒运至厦门市同安区莲花镇某山庄,并将其中9箱假冒"飞天茅台"注册商标的白酒交付给被害人解某。被害人解某与其朋友饮用该批白酒时发觉口感有异,后由相关门店鉴别为假酒,遂向厦门市同安区市场监督管理局进行举报。经该局委托,贵州茅台酒股份有限公司工作人员对被害人解某处剩余4箱白酒进行鉴别,认定均为假冒注册商标的商品。该局将线索移送厦门市公安局同安分局。

【诉讼过程】

2022年10月17日,公安机关对本案立案侦查。2023年12月18日,公安机关将本案移送厦门市思明区人民检察院起诉。2023年12月29日,厦门市思明区人民检察院依法向厦门市思明区人民法院提起公诉。2024年1月11日,法院作出一审判决,采纳检察机关量刑建议,判处被告人邱某某有期徒刑八个月,缓刑一年二个月,并处罚金人民币十万元。判决宣告后,被告人未提出上诉,该判决已生效。

【检察履职情况】

2022年10月17日,公安机关对本案立案侦查。2022年10月18日,邱某某因涉嫌销售假冒注册商标的商品罪被厦门市公安局同安分局取保候审。2023年10月13日,因邱某某在取保候审期间翻供,该局以邱某某涉嫌销售假冒注册商标的商品罪、诈骗罪向思明区人民检察院提请批准逮捕。思明区人民检察院审查后批准逮捕邱某某,并引导公安机关围绕涉案白酒来源、邱某某主观明知情况等关键事实进行侦查并补充相关证据。面对侦查机关补充的新证据,邱某某自愿认罪认罚。

2023年12月18日,厦门市公安局同安分局以邱某某涉嫌诈骗罪向厦门市思明区人民检察院移送审查起诉。经检察机关释法说理,邱某某主动退出违法所得。同年12月29日,厦门市思明区人民检察院审查后依法改变定性,以邱某某构成销售假冒注册商标的商品罪向厦门市思明区人民法院提起公诉。2024年1月11日,思明区人民法院全面采纳思明区人民检察院所提出的罪名及量刑建议,对被告人邱某某进行判决。判决宣告后,被告人服判未上诉。

16.邱某某销售假冒注册商标的商品案

【典型意义】

一、充分发挥检察职能,有效引导公安机关补充侦查

审查逮捕阶段,检察机关面临邱某某翻供、涉案白酒来源不明、审查时限紧迫等诸多问题。承办人对原有证据进行全面细致审查后,及时要求公安机关补充调取邱某某手机电子数据、被害人解某拍摄的收货视频、照片等客观证据,再按照原有证据体现出的涉案关键事件及发生节点,对邱某某手机电子数据进行关键词检索及时间线梳理,发现其通过微信与朱某某进行白酒交易的时间、货物物流时间与涉案时间高度吻合,且交易价格远低于正品飞天茅台酒市场价,涉案白酒极有可能来源于朱某某。承办人再对被扣押白酒与被害人解某提供的收货视频进行比对,发现被扣押白酒外包装均有相应编号,与视频中白酒外包装编号相吻合,足以证明被扣押白酒来源于邱某某,结合邱某某与他人的微信聊天记录、被害人解某提供的货物照片等其他证据,最终检察机关认定邱某某存在犯罪事实,具有社会危险性,批准逮捕邱某某。检察机关批准逮捕邱某某后,继续引导公安机关查找朱某某到案配合调查、对涉案视频进行技术鉴定、加强对邱某某释法说理等。面对侦查机关补充后的相关证据,邱某某再次供认其犯罪事实,并主动退出违法所得。

二、以欺诈方式销售假冒注册商标的商品,应当以销售假冒注册商标的商品罪认定

本案中,邱某某以虚构的职业背景,谎称可以原价购买正品贵州飞天茅台酒并低价销售给被害人,实际将假冒"飞天茅台"注册商标的白酒销售给被害人,其行为属于典型的以欺诈方式销售假冒注册商标的商品。关于邱某某的行为存在两种意见:第一种意见认为,邱某某的行为符合以非法占有为目的,虚构事实,致使他人陷入错误认识进而处分财物的诈骗构成,数额较大,构成诈骗罪;第二种意见认为,邱某某的行为属于民事欺诈,不构成诈骗罪,但其明知系假冒注册商标的商品而销售,销售金额数额较大,构成销售假冒注册商标的商品罪。

承办人同意第二种意见。诈骗罪与民事欺诈的区分主要在于是否具有非法占有目的,主要可以从两个方面判断:一是看行为人是否有逃避偿

还款物的行为。包括在获取财物后进行逃匿、失联,对于获取的财物肆意挥霍、用于违法活动等,都属于逃避偿还的行为。二是看是否具有民事救济可能。对能够通过民事途径解决纠纷的,一般不宜认定为诈骗犯罪,在《刑事审判参考》第1342号指导性案例"黄钰诈骗案"中,关于如何区分诈骗罪与民事欺诈,其裁判理由同样认为将能够通过民事途径救济的骗取财物行为排除在诈骗犯罪之外,符合刑法的谦抑性原则。具体到本案中,邱某某虽以欺诈方式与被害人达成买卖合意,将低价产品冒充高价产品出售给被害人,但其具有实际履约行为,所交付产品具有一定价值和实用性,其占有被害人解某财物具有买卖合同性质的法律关系基础,即使该合同关系属于无效合同,但仍在民事诉讼调节范围之内,具有民事救济可能,且在事发后,邱某某并未逃匿、失联,也无证据证明其将获取的财物肆意挥霍、用于违法活动等,邱某某行为与最高人民法院2011年3月2日发布的典型案例"被告人卢某生销售假冒注册商标的商品案"相似,被告人卢某生同样使用欺诈手段销售假冒茅台酒,最终被认定构成销售假冒注册商标的商品罪。综上,邱某某不具有刑法意义上的非法占有目的,其行为系民事欺诈,不应认定构成诈骗罪,应当认定构成销售假冒注册商标的商品罪。

三、犯罪行为发生后法律修改的,应当依照从旧兼从轻原则适用法律

全国人大常委会于2020年12月26日通过,2021年3月1日起施行的《中华人民共和国刑法修正案(十一)》(以下简称《刑法修正案(十一)》)与此前《刑法》规定相比,二者存在以下不同,见表1。

表1

	1997年修订《刑法》	《刑法修正案(十一)》
法条原文	第二百一十四条 销售明知是假冒注册商标的商品,销售金额数额较大的,处三年以下有期徒刑或者拘役,并处或者单处罚金;销售金额数额巨大的,处三年以上七年以下有期徒刑,并处罚金。	第二百一十四条 销售明知是假冒注册商标的商品,违法所得数额较大或者有其他严重情节的,处三年以下有期徒刑,并处或者单处罚金;违法所得数额巨大或者有其他特别严重情节的,处三年以上十年以下有期徒刑,并处罚金。

通过比对,可以发现《刑法修正案(十一)》的几点变化:一是入罪及上档评价标准,由原来的"销售金额数额较大""销售金额数额巨大"修改为"违法所得数额较大或者有其他严重情节""违法所得数额巨大或者有其他特别严重情节";二是取消拘役刑,将法定最高刑从"有期徒刑七年"提高到"有期徒刑十年",加重本罪的惩戒力度。

本案中,邱某某实施销售假冒注册商标的商品行为的时间为2020年10月至11月,其行为应当适用旧法还是新法,主要从入罪标准及刑罚轻重两方面进行判断。

首先,入罪标准。按照1997年修订《刑法》及《最高人民法院、最高人民检察院关于办理侵犯知识产权刑事案件具体应用法律若干问题的解释》(法释〔2004〕19号),销售金额在五万元以上的,属于《刑法》第214条规定的"数额较大",邱某某销售金额达到数额较大标准,构成本罪。《刑法修正案(十一)》施行后,因未跟进出台相应的司法解释,"违法所得数额"如何计算、数额较大标准、"其他严重情节"如何认定等问题均不明朗,使得新法施行后本罪的入罪标准存在争议。在全国人大常委会法工委相关负责人主编的《中华人民共和国刑法修正案(十一)解读》中指出,"其他严重情节"作为兜底性规定,销售金额大小仍然应当属于衡量行为人所实施的犯罪行为的情节是否达到严重的重要参照,此前司法解释关于"销售金额数额较大"的规定,依然可以作为认定行为人犯罪行为情节严重程度的参考标准。按照该观点,本罪在旧法、新法的入罪标准并未发生变化,按照新法,邱某某行为属于有其他严重情节,构成本罪。

其次,刑罚轻重。根据上述分析,邱某某行为在旧法、新法中都属于本罪第一档量刑范围内,法定最高刑相同,均为三年,法定最低刑旧法为拘役,相比于新法的刑罚更轻。

综上,按照从旧兼从轻的刑法溯及力适用原则,应当适用1997年修订的《刑法》对邱某某行为进行处理。

【案例评析】

本案是对我国《刑法》第214条"销售假冒注册商标商品罪"与第266条"诈骗罪"法律适用的重要探索。在对邱某某行为定性、量刑标准以及新旧法衔接等方面,本案处理路径展示刑法适用的精确性和刑事司法的谦抑原则,为知识产权犯罪的刑事保护提供实践指引。以下将从行为定性、罪责衡量与刑法溯及力等方面进行分析和解读。

一、准确界定销售假冒注册商标商品罪与诈骗罪,确保罪名适用的准确性

本案的关键争议在于,如何区分销售假冒注册商标商品罪与诈骗罪。这一问题在司法实践中具有较大争议,特别是在行为人通过欺诈性陈述促成交易时,如何合理界定两种罪名的适用,是本案的重要法律难点。

(一)严格认定非法占有目的,防止扩大诈骗罪适用范围

诈骗罪的核心在于行为人是否具有"非法占有目的",即行为人是否通过虚构事实或隐瞒真相,使受害人陷入错误认识而交付财物,从而达到永久占有他人财物的目的。在本案中,邱某某虽然通过虚假宣传和身份伪装,使被害人相信其所售的酒是正品茅台酒,但在交付假冒产品后,其并未逃匿,且交付的商品具有一定的市场价值。这一行为特征与《刑事审判参考》第1342号指导案例中对民事欺诈与刑事诈骗的区分标准相一致,即能够通过民事途径救济的欺诈行为,应当排除在刑事诈骗的范围之外。

(二)准确把握虚假陈述行为的销售本质,厘清销售行为与欺诈手段的界限

本案中,邱某某的虚假陈述行为与其销售行为密不可分,但二者的法律属性有所不同。虚假陈述的目的是促成交易,而其本质是推销商品的手段。这一手段虽然有欺骗成分,但其最终目的是实现商品销售而非直接获取他人财产。与诈骗罪不同,销售假冒注册商标商品罪关注的是行为人是否将假冒商品推向市场并获取收益,而不在于其是否通过虚假陈述促成交易。

邱某某在销售过程中采用欺诈手段,例如虚构职业背景和低价购酒渠道等,但其最终目的是促使买卖合同的达成,并以假冒商品完成交付。根据《刑事审判参考》及最高法院相关案例的裁判思路,虽然欺诈手段是促使交易的手段,但其销售假冒商品的实质行为和性质更符合销售假冒

注册商标的商品罪。检察机关在本案中对这一法律边界的厘清,确保定罪的精准性,并避免扩大诈骗罪适用范围的风险。

本案的定性分析与最高人民法院发布的指导案例"卢某生销售假冒注册商标的商品案"高度相似。该案例中,卢某生同样通过欺诈手段销售假冒茅台酒,法院认定其行为构成销售假冒注册商标的商品罪而非诈骗罪。通过对类似案件的分析,检察机关进一步明确在定性时应注重行为的实质属性而非表面特征,从而确保法律适用的一致性和稳定性。这种案例的参考和适用,有助于在实践中形成清晰的法律操作标准,增强对同类案件的处理能力。

(三)有效贯彻刑事司法谦抑性原则,实现定罪与责任的合理平衡

刑法的谦抑性要求在处理案件时,应优先考虑民事手段或行政手段,刑法手段只作为最后手段使用。在本案中,尽管邱某某使用欺诈手段促成交易,但他与被害人之间仍具有合同关系,并且没有明显逃避行为,这使得本案更适合通过民事诉讼途径解决交易纠纷。然而,考虑到邱某某销售的商品系假冒注册商标的商品,其行为对商标权利人和市场秩序产生实质性侵害。因此,通过销售假冒注册商标的商品罪对其行为进行定罪,既符合法律规定,也在刑事追责范围内保持必要的克制和合理性。

二、妥善适用从旧兼从轻原则,实现新旧法律衔接的平稳过渡

(一)审慎应对法律变动,明确行为发生时的适用标准

在《刑法修正案(十一)》生效后,销售假冒注册商标的商品罪的定罪量刑标准发生变化,将"销售金额"调整为"违法所得＋情节"。本案中的第二个争议点即在于如何适用新旧法律。邱某某犯罪行为发生后发生法律修改,检察机关需考虑是否适用从旧兼从轻原则。

根据《刑法》第12条的规定,刑法具有从旧兼从轻的溯及力原则,即如果行为发生时的法律轻于裁判时的法律,应当适用行为发生时的法律。本案中,邱某某的销售行为发生在新法实施前,且按照旧法的"销售金额"标准,原定罪量刑要轻于新法中的"违法所得＋情节"标准,故应适用旧法。

(二)合理贯彻从旧兼从轻原则,保障量刑公正与合法性

从法理上看,从旧兼从轻原则体现对行为人合法权益的保护,但同时也要求结合具体案件的实际情况,以避免因法律变更造成司法适用的混乱。在本案中,检察机关在遵循从旧兼从轻原则的基础上,结合行为的发生时间与新法实施的时间点,选择更符合案件实际的处理方式,确保法律的公平与稳定性。

这一做法对于司法实践具有重要的示范意义,即在处理类似跨越法律变动的案件时,应通过综合考量提出合理的量刑建议,避免过度强调某一时期的法律标准而导致司法不公。

本案通过对邱某某行为的精准定性和对新旧法律的妥善适用,充分展示司法机关在知识产权领域刑事司法保护中的深厚法理基础和专业判断力。就行为定性而言,司法机关通过清晰划定销售假冒注册商标的商品罪与诈骗罪的界限,使得假冒商标犯罪的本质得以突出,切实保障商标权利的有效保护,为刑法在打击假冒商标的商品方面提供具有操作性的判例指引。在法律适用上,司法机关秉持从旧兼从轻原则,结合案件事实严格审慎地选择旧法作为依据,从而保证量刑的合法性与公正性,展现法律适用的精准和灵活。这一处理方式不仅有效维护市场秩序和商标权利人的合法利益,更为类似案件中新旧法衔接问题提供可借鉴的实践样本。通过此案,司法机关在刑事司法层面上有力地推进知识产权保护的时代进程,体现新时代背景下对公平正义和法治价值的坚定承诺。

17.陈某某、顾某某假冒注册商标案[*]

【关键词】 全链条打击;协同保护;刑事案件追赃挽损;民事纠纷诉前协同化解;检察护企

【要　旨】 制售假冒注册商品犯罪严重侵犯权利人的知识产权,在坚持全链条打击的同时,对知识产权的保护绝不能止步于打击犯罪,更要在查明犯罪事实、准确认定犯罪的基础上,依法运用刑事司法政策在检察环节促成犯罪嫌疑人赔偿并取得权利人谅解。在知识产权刑事附带民事诉讼之外,积极探索解决权利人维权难题,积极回应知识产权权利人的诉求,将"检察护企"行动落实落细,确实维护和保障知识产权权利人的合法权益。

【基本案情】

2023年3月至2023年12月间,陈某某租赁福建省莆田市荔城区某鞋厂作为生产场所,租赁莆田市荔城区黄石镇某号房作为仓库,购置制鞋流水机及裁断机等生产设备,招来被告人顾某某及工人在上述厂房内生产假冒"某乐""某斯"品牌鞋,后采用物流寄递方式,通过各类电商平台将上述假鞋出售给客户。2023年12月5日,公安机关查获该窝点,从厂房和仓库缴获假冒"某乐""某斯"品牌鞋子共计32492双,货值金额共计人民币2274440元。2024年6月5日,被告人陈某某、顾某某分别与某乐公司、某斯公司在厦门市知识产权发展保护中心达成调解协议,赔偿某乐公司损失人民币400000元,赔偿某斯公司损失人民币700000元,均取得权

---

[*] 案件承办人、案例撰写人:高仰虹,系厦门市思明区人民检察院一级检察官。本文评析人:王俊,系厦门大学知识产权研究院副教授、博士生导师、经济学博士。

利人谅解,调解协议经厦门市思明区人民法院以民事裁定书进行司法确认。

【诉讼过程】

本案由厦门市公安局思明分局侦查终结,以陈某某、顾某某涉嫌假冒注册商标罪于2024年3月12日交由厦门市思明区人民检察院审查起诉。厦门市思明区人民检察院于2024年6月11日向厦门市思明区人民法院提起公诉。厦门市思明区人民法院于2024年7月4日对本案作出一审判决,支持起诉指控的全部犯罪事实,认定陈某某构成假冒注册商标罪,判处有期徒刑三年,缓刑三年六个月,并处罚金人民币一百一十万元;顾某某在缓刑考验期内再犯新罪,法院认定其构成假冒注册商标罪,与前罪数罪并罚,判处有期徒刑二年六个月,并处罚金十四万元。陈某某、顾某某均未上诉,判决已生效。

【检察履职情况】

2023年8月,知名品牌某乐公司报案称,发现市面上有电商平台销售假冒的"某乐"运动鞋。厦门市公安局思明分局成立专案立案侦查并先后至莆田市抓获本案陈某某、顾某某等14人,侦查终结后,上述14人均分案移送厦门市思明区人民检察院审查起诉。检察机关审查认定,陈某某、顾某某等14人形成产销"一条龙"的完整的购销链条。为准确认定犯罪事实,检察机关同步开展侦查引导工作。同时,积极探索知识产权刑事附带民事诉讼之外,在检察环节促成犯罪嫌疑人赔偿并取得权利人谅解的刑事案件追赃挽损制度。

一、提前介入,强化引导侦查机关取证,注重证据审查运用,准确认定犯罪金额

多次与侦查机关召开联席会议,围绕陈某某、顾某某与下游分销商的主观故意和犯罪数额,明确侦查方向,引导侦查机关进一步调取微信、支付宝交易记录及微信聊天记录等关键证据20余份,驳斥主观不明知的相关辩解,查明生产假鞋的实际售价,确保对本案销售数量、销售金额的准确认定,为后续案件处理提供坚实的证据基础。

二、联合行政部门,构建刑事案件追赃挽损与民事纠纷诉前协同化解机制

知识产权权利人维权周期长,难度大。本案办理过程中,注重保障维护权利人的权益,充分发挥厦门市思明区人民检察院与厦门市知识产权发展保护中心、厦门市思明区人民法院构建刑事案件追赃挽损与民事纠纷诉前协同化解机制的积极作用。主动开展工作,发挥主导作用,积极引导权利人某乐公司、某斯公司实质性参与诉讼维权,并敦促陈某某、顾某某赔偿损失、赔礼道歉。同时,还发挥检调对接作用,由厦门市知识产权发展保护中心指定相关调解机构及调解员开展调解,并将调解成功地引入厦门市思明区人民法院进行"一站式"司法确认。最终本案中该项工作成果被法院判决引用,有效整合检察、审判、行政三方资源,以联动调处力争诉前化解知识产权民事纠纷。

【典型意义】

一是针对侵犯知识产权犯罪跨地区等特点,强化引导侦查力度,准确认定犯罪事实。当前侵犯知识产权犯罪案件多发,且具有跨地区、多环节、多渠道等特点,犯罪手段不断翻新,取证难度大,主观故意、犯罪数额认定难,检察机关应当围绕法律适用、侦查方向、证据规格等重点引导侦查机关调查取证,确保全链条打击形成闭环,提高案件质效。

二是保障知识产权权利人合法权益与依法打击犯罪并重。"某乐""某斯"品牌系知名运动鞋品牌,涉案人员在莆田当地生产,并通过电商平台等线上及线下渠道在全国各地进行销售,形成一定规模的制假售假产业,严重侵害品牌权利人的合法权益。检察机关在依法打击犯罪的同时,开展追赃挽损工作,加大释法说理工作力度,主动与被侵权单位及市监部门进行沟通,搭建多方平台,积极促进和解,本案被告人赔偿知识产权权利人经济损失110万元,取得知识产权权利人谅解,将"检察护企"落到实处。检察机关在打击刑事犯罪的同时,通过积极运用认罪认罚从宽制度,明确将与知识产权权利人达成和解作为从宽条件,促成双方和解,实现全链条打击,打防并重,破解追赃难题。

【案例评析】

一、检察机关提前介入,深化知识产权侵权全链条打击

由于本案系侵犯知识产权犯罪,具有跨地区、多环节、多渠道等特点,犯罪手段不断翻新,取证难度大,主观故意、犯罪数额认定难等特点。检察机关需不断强化引导侦查力度,准确认定犯罪事实。同时,检察机关应当围绕法律适用、侦查方向、证据规格等重点引导侦查机关调查取证,确保全链条打击形成闭环,提高案件质效。

在本案中,检察机关提前介入案件,强化引导侦查机关取证,注重证据审查运用,准确认定犯罪金额。多次与侦查机关召开联席会议,围绕陈某某、顾某某与下游分销商的主观故意和犯罪数额,明确侦查方向,引导侦查机关进一步调取微信、支付宝交易记录及微信聊天记录等关键证据20余份,驳斥主观不明知的相关辩解,查明生产假鞋的实际售价,确保对本案销售数量、销售金额的准确认定,为后续案件处理提供坚实的证据基础。同时,积极探索知识产权刑事附带民事诉讼案件,在检察环节促成犯罪嫌疑人赔偿并取得权利人谅解的刑事案件追赃挽损制度,从而为全链条地打击知识产权侵权,维护权利人利益提供有效保障。

二、法律适用准确

在本案中,被告二人未经权利人许可,在同一类运动鞋商品上使用与其相同的商标,并进行违法销售牟利,涉案金额较大,符合假冒注册商标罪的犯罪构成要件。检察机关在侦查终结后,根据掌握的证据材料,对涉案人员以《中华人民共和国刑法》第213条"假冒注册商标罪"审查起诉,法院依法判处两名被告人犯假冒注册商标罪,判处陈某某有期徒刑三年,并处罚金人民币一百一十万元,并适用缓刑,判处顾某某有期徒刑二年六个月,并处罚金人民币十万元。因此,本案法律适用正确,量刑适当。

三、加强检企联络,"检察护企"落实落细

近年来,侵犯知识产权犯罪跨区域化、链条化、隐蔽化特征日趋明显。

福建省作为品牌运动鞋的重要生产基地,仿制各类品牌运动鞋商标侵权案频发。在本案中,制造并销售假鞋案件多发,具有跨地区、多环节、多渠道等特点,其作案手段不断翻新,取证难度大,被告主观故意、犯罪数额认定难。在本案中,检察机关提前介入,围绕法律适用、侦查方向、证据规格等重点强化引导侦查机关取证,注重证据审查运用,准确认定犯罪金额,确保全要素、全环节、全链条打击形成闭环,提高案件质效。

同时,在本案中,检察机关在依法打击犯罪的同时,开展追赃挽损工作,加大释法说理工作力度,主动与被侵权单位及市监部门进行沟通,搭建多方平台,积极促进和解,本案被告人赔偿知识产权权利人经济损失110万元,取得知识产权权利人谅解,将"检察护企"落到实处。本案体现检察机关大力落实"检察护企""检护民生"专项部署,持续增强检察履职能力,加强检企联络,加大法治宣传力度,发挥融合履职优势,深入推进知识产权检察综合履职工作。健全保护机制,加大执法力度,着力营造尊重、保护知识产权浓厚氛围,推动知识产权全链条保护,助力经济高质量发展。

四、加强部门联合,落实刑事案件与民事纠纷协同保护

商标侵权往往涉及民事责任与刑事责任的交叉适用,单一司法途径可能难以有效遏制侵权行为。通过法院、检察机关、行政部门的协同联动,能够实现对侵权行为的全方位打击,提高司法资源的利用效率,增强知识产权保护的整体效能。

本案的办理注重保障维护权利人的权益,充分发挥厦门市思明区人民检察院与厦门市知识产权发展保护中心、厦门市思明区人民法院构建刑事案件追赃挽损与民事纠纷诉前协同化解机制的积极作用。检察机关积极探索知识产权刑事附带民事诉讼,在检察环节促成犯罪嫌疑人赔偿并取得权利人谅解的刑事案件追赃挽损制度。本案探索司法、行政、调解机构协同保护的新模式,实现从行政、检察到法院裁判的闭环式保护体系。这种多元化解模式既确保权利人得到充分救济,同时对侵权人形成有效震慑,有助于降低诉讼成本,提高纠纷解决的效率,构建更加完善的知识产权保护生态。这一做法为刑事追责与民事救济并行提供实践范例,也为未来类似案件的处理提供制度性借鉴。

五、实现保障权利人合法权益与依法打击犯罪并重

在知识产权领域适用刑事附带民事诉讼,既能够切实提高诉讼效率,保证司法统一,也能减少权利人诉累,降低维权成本,最大限度地维护权利人合法权利。在本案中,被侵权品牌系知名运动鞋品牌,涉案人员在莆田当地生产,并通过电商平台等线上及线下渠道在全国各地进行销售,形成一定规模的"一条龙式"制假售假产业,严重侵害品牌权利人的合法权益。检察机关在打击刑事犯罪的同时,通过积极运用认罪认罚从宽制度,明确将与知识产权权利人达成和解作为从宽条件,促成双方和解,实现全链条打击,打防并重,破解追赃难题。

六、总结

在陈某某、顾某某二人假冒注册商标案中,承办的侦查机关、检察机关与审判机关全面展示对知识产权侵权案件加大知识产权刑事犯罪打击力度、维护权利人和消费者的合法权益、维护市场公平竞争秩序等各方面的并重考量。本案的成功审结有力地打击侵犯知识产权和制售假冒伪劣商品违法行为,积极鼓励和保护创新,切实维护消费者合法权益,赋能经济社会高质量发展,具有一定的影响力和典型意义,为涉及制造并销售假冒鞋类商品的办案结案提供重要参考。

18.陈某某侵犯商业秘密案*

【关键词】 侵犯商业秘密罪；权利人企业实质性参与；追加遗漏事实

【要　旨】 在侵犯商业秘密罪案件中，检察机关主动引导权利人实质参与刑事诉讼，就涉案商业秘密逻辑、密点划分、秘密鉴定、被侵权种类、技术贡献率等核心问题听取意见，引导被侵权民营企业提供相关证据材料，并引导侦查机关及时、有效地固定证据，准确追加认定侵权品种类，为企业追加认定损失金额一百余万元。平等保护民营企业知识产权，持续提振权利人创新创造的信心和动力。

【基本案情】

厦门D智能科技股份有限公司（以下简称D公司）成立于2005年4月29日，主要从事楼宇对讲、智能家居、医护对讲等智能设备的研发设计、生产制造和销售业务，系深交所A股挂牌的上市公司。经营期间，D公司通过多年积累的楼宇对讲技术优势，持续研发医护对讲系统，形成源代码等技术信息，广泛运用于其医护对讲产品并进行销售。D公司对上述源代码等技术信息采取制定公司保密制度、出台保密文件、与公司员工签订保密协议、在离职交接单中写明保密责任等保密措施，对上述商业秘密进行保护。经鉴定，上述源代码属于不为公众所知悉的技术信息。

2012年至2020年8月间，被告人陈某某在D公司从事代码研发工

---

* 案件承办人、案例撰写人：林璐，系厦门市思明区人民检察院三级检察官。本文评析人：林秀芹，系厦门大学知识产权研究院院长、教授、博士生导师，法学博士。

作,并掌握有D公司持续开发的源代码等技术信息。2020年12月至2023年5月间,被告人陈某某入职D公司原销售人员陈某经营的厦门K智能技术有限公司(以下简称K公司),负责开发医护对讲产品源代码。被告人陈某某在开发过程中,违反保守商业秘密的要求,将D公司医护对讲产品代码运用到K公司医护对讲产品中。K公司已实际销售侵权的医护对讲产品。

2023年5月25日,被告人陈某某在厦门市集美区软件园被湖里分局民警抓获,当场查获存有K公司医护对讲产品源代码的服务器、被告人陈某某使用的电脑、移动硬盘、手机、K公司尚未销售的涉嫌侵权产品等涉案物品。经鉴定,被告人陈某某在K公司的Linux系统、安卓系统医护对讲产品中,使用D公司的源代码。经审计,侵权行为给D公司造成损失数额约为人民币1971431.406元。

到案后,被告人陈某某能够如实供述上述犯罪事实。2023年11月17日,D公司对被告人陈某某出具谅解书。同年12月8日,被告人陈某某亲属为其退出违法所得人民币100000元。

【诉讼过程】

2022年12月9日,厦门市公安局湖里分局对本案立案侦查。2023年9月1日,厦门市公安局湖里分局以陈某某涉嫌侵犯商业秘密罪向厦门市思明区人民检察院移送审查起诉。2024年1月19日厦门市思明区人民检察院以被告人陈某某涉嫌侵犯商业秘密罪向厦门市思明区人民法院提起公诉,同年6月5日获法院一审判决全面支持,现已生效。

【检察履职过程】

公安机关对本案立案侦查后,厦门市思明区人民检察院经公安机关商请提前介入,积极引导公安机关开展侦查,案件受理后同步开展大量自行补充侦查工作,具体如下:

一、深入沟通企业,追加认定商业秘密损失

D公司生产的楼宇对讲产品在全国具有领先的市场地位,是厦门本地的国家高新技术企业、国家知识产权优势企业。随着房地产市场遇冷,该公司基于2008年以来持续研发的楼宇对讲的源代码,开发出一套具有自主知识产权的医疗对讲源代码,智慧医院也成为公司重点拓展的新领域,营收高速增长,助力企业实现A股上市。2022年年底,D公司发现离职员工盗用其智慧医疗源代码自行生产产品并销售,抢占企业的市场份额,引发客户和渠道商的质疑。企业通过厦门市思明区人民检察院"知识产权协同保护中心"平台向检察机关寻求帮助。检察机关设身处地考虑到,企业被侵权的源代码是企业十几年持续投资研发的心血,同时侵权的又是老员工,不仅有全套源代码,还对企业的招投标等经营信息非常熟悉,企业由此遭受的损失巨大。在办案中引导权利人实质性参与诉讼,通过查看企业开发日志、与公司总工程师交流、学习源代码底层构建逻辑等,了解到涉案商业秘密为公司长期迭代开发形成,公司软件源代码长期使用SVN和GIT进行源代码变更记录保存,在公司服务器上最早可查询到2012年2月14日代码记录。结合非公知性鉴定和同一性鉴定,详细审查不一致之处仍然源自D公司代码进行少量衍生修改,未改变底层逻辑和各密点配合协作路径,准确将Linux系统产品中的侵权比例提升认定为100%。同时,检察机关还发现,在被侵权企业未控告的安卓系统产品中,也使用同样的源代码和底层逻辑。经两次退回补充侦查强化证据收集,最终帮助D公司追加认定一百万元左右的损失金额。

二、强化侦查引导,证据收集固定及时有效

为避免陈某某和侵权单位删除侵权代码、毁灭侵权证据,检察机关与湖里公安机关共同提前研判,邀请D公司积极参与证据的提供和收集,做好前期的证据摸排及商业秘密的相关鉴定,确定确实存在侵权情况后,一次抓捕就精准扣押存储有用于侵权产品的源代码的移动硬盘、电脑主机、服务器主机等。这在商业秘密罪同类案件中非常难得,不仅立刻终止侵权行为继续,避免侵权人毁灭修改证据,也能够最大限度地认定企业遭受的损失,更有利于企业后续获得侵权赔偿。同时,及时开展网络证据和电子证据固定,聘请美亚柏科司法鉴定机构技术人员在扣押上述物品的当场进行电子数据提取,通过生成无可修改的数据码等方式,及时、完整地固定证据,最大限度地避免后续数据鉴定中的关联性和同一性问题。

三、积极化解矛盾,温情帮助双方化解心结

知识产权案件存在权利人维权周期长、成本高、难度大的难题,检察机关主动运用认罪认罚从宽制度、羁押必要性审查机制等敦促侵权人向权利人赔偿损失、赔礼道歉。被告人陈某某大学毕业后就入职D公司工作,与公司共成长,为企业发展做出自己的贡献,本次因法律意识不足犯下大错,其内心深感后悔。经过检察机关在双方之间的多次调解,D公司在陈某某家属还未凑足退赃款时就主动出具谅解书,并表示在陈某某出狱后仍愿意给其工作机会。被告人陈某某也通过家属主动向企业退赔人民币10万元。检察机关在刑事案件结束后,还积极帮助企业寻求民事救济。企业向检察机关赠送牌匾、感谢信表示感谢。

【典型意义】

一、高质效履行检察职责

检察机关在办理涉民营企业案件过程中,要充分发挥侦查监督与协作配合机制作用。特别是在知识产权刑事案件中,充分发挥检察机关侦查主导作用至关重要。立足地区总部经济集中、经济业态活跃的区域特点,找准检察护企工作着力点和切入点,以营造公平竞争环境、激发企业内生动力为重要抓手,助力营造法治化营商环境。

二、做好案件"后半篇文章"

建立健全检企沟通长效机制,开展服务法治化营商环境回访活动,听取、回应企业法律需求。建立涉案企业旁听庭审机制,邀请企业组织重点岗位人员旁听案件庭审,强化预防违法犯罪警示教育。充分利用讲座、座谈等形式以案释法,打好"线上+线下"普法宣传组合拳,强化高科技企业内部核心岗位人员法律意识,最大限度地减少知识产权企业内部人员侵权隐患。

【案例评析】

商业秘密是企业的核心竞争力,商业秘密泄露可能导致企业遭受重大损失。侵犯商业秘密犯罪具有专业性、行业性、隐蔽性等特点,存在取证难、认定难、赔偿难等问题。厦门市思明区人民检察院在办理本案过程中,通过引导侦查、引导权利人实际参与诉讼等方式,切实有效地解决上述问题。现从本案证据收集方式方法、权利人参与程度、被告人认罪认罚、社会影响等方面作如下评析。

一、引导侦查、数字赋能,及时固定有效证据,准确认定商业秘密侵权性质

与传统犯罪相比,侵害商业秘密罪案件具有更强的专业性,由此导致商业秘密案件的办理难度更大。特别是在数字经济背景下,商业秘密及其载体的数字化特征使得司法实践中侵权证据的认定存在困难。本案中,厦门市思明区人民检察院为避免侵权方删除侵权代码、毁灭证据,提前介入侦查,与公安机关共同研判,并聘请美亚柏科司法鉴定机构,利用高科技手段对关键电子证据进行精准的固定和分析,从源头上确保侦查获取的证据符合审判的要求,最大限度地避免数据鉴定中的关联性和同一性问题,为后续的诉讼程序奠定坚实的基础。

检察机关是宪法和法律规定的法律监督机关。有观点认为,提前介入引导侦查属于侦查监督的范畴,检察机关系从批捕起诉的角度对侦查提出建议。[1] 也有观点认为,检察机关的监督权核心在于对侦查权的约束,而提前介入引导取证则属于对侦查权的辅助,是与监督权相对的。[2] 这种价值冲突是实践中检察机关引导侦查取证遭遇阻碍的一大原因。陈卫东教授认为,检察机关引导侦查取证系公诉职能在侦查程序中的合理延伸,其法理依据为"公诉准备观"。[3] 即要求侦查机关按公诉标准搜集证据,为后续的证据审查、运用及犯罪指控奠定基础,保障刑事指控体系在良好的证据环境中运行。同时提前介入侦查也符合"以审判为中心"的改革要求,有助于提升审判质量,优化侦诉关系,增强证据收集固定、事实认定和法律适用的效果。

---

[1] 武延平、张凤阁:《试论检察机关的提前介入》,载《政法论坛》1991年第2期。

[2] 吴杨泽:《论检察机关的提前介入机制》,载《重庆理工大学学报(社会科学)》2017年第2期。

[3] 陈卫东:《论检察机关的犯罪指控体系——以侦查指引制度为视角的分析》,载《政治与法律》2020年第1期。

其实,检察机关提前介入引导侦查取证在我国早有探索。1979年我国《刑事诉讼法》颁布不久,部分检察机关为响应从重从快打击犯罪、准确指控犯罪的目的,在公安机关提请批准逮捕或起送审查起诉之前,采取提前介入侦查的做法。最高人民检察院在总结各地经验的基础上,肯定这一做法,并制定一些规范性措施。① 2015年1月,最高人民检察院印发的《最高人民检察院关于贯彻落实〈中共中央关于全面推进依法治国若干重大问题的决定〉的意见》(高检发〔2015〕4号)对检察机关介入引导侦查的工作进行定位。2015年7月,《最高人民检察院关于加强出庭公诉工作的意见》(高检发诉字〔2015〕5号)明确,"积极介入侦查引导取证。对重大、疑难、复杂案件,坚持介入范围适当、介入时机适时、介入程度适度原则,通过出席现场勘查和案件讨论等方式,按照提起公诉的标准,对收集证据、适用法律提出意见,监督侦查活动是否合法,引导侦查机关(部门)完善证据链条和证明体系"。2019年12月,《人民检察院刑事诉讼规则》(高检发释字〔2019〕4号)进一步明确检察机关派员介入侦查活动引导取证的范围和方式。

综上,检察机关提前介入引导侦查取证具有法理基础及法律指引。本案是检察机关引导侦查取证取得良好效果的典型案例。

二、引导权利人实质参与刑事诉讼,追加认定权利人损失,维护权利人合法权益

我国关于知识产权的刑事规制不同于一般财产权的保护。《刑法》在第二编第三章"破坏社会主义市场经济秩序罪"中规定了知识产权犯罪。因此,有观点认为立法机关倾向于将侵犯知识产权的行为定性为侵害公共利益,而相对忽视其本应享有的私权救济措施,这不可避免地导致知识产权权利人诉讼权利的减损。② 另外,在目前司法实践中,知识产权案件存在成立条件过高、权利人举证能力较低、证据规则与标准不完善等问

---

① 武延平、张凤阁:《试论检察机关的提前介入》,载《政法论坛》1991年第2期。
② 蒯建欣、张敏、段里鹏:《知识产权刑事案件被害人权益保障研究》,载《中国检察官》2020年第7期。

题,也导致知识产权权利人实质参与刑事诉讼程度较低。[①] 但实际上,知识产权权利人实质参与刑事诉讼具有正当性与必要性。

刑法所保护的法益是"人"的利益。国家利益和社会利益本质上是个人利益的延伸。[②] 刑法中对知识产权的保护侧重于维护知识产权管理秩序,保障知识产权的创造、运用。知识产权作为推动社会创新发展的制度,已从其最初的民事利益关系上升为国家公共政策的重要组成部分。所以,加强对侵犯知识产权行为的刑事规制,与保护社会法益相符。在前述法益的解读框架内,这类法益最终也应还原为以"权利人"财产为核心的法益。因此,权利人实质参与刑事诉讼,不仅是对社会秩序的维护,也是对个人权利的尊重和保护,彰显刑事诉讼中"人的主体性"的要求。[③]

此外,权利人实质参与刑事诉讼,也满足商业秘密案件审理的特殊需求。侵犯商业秘密案件证据内容庞杂、专业性强、犯罪手段隐蔽,而权利人具备对犯罪信息的洞察力和专业知识,可以有针对性地提供犯罪信息,协助侦查,使公诉机关快速获取侦查线索,强化证据链条。

国家逐渐加强对知识产权犯罪中权利人诉讼地位的重视程度,鼓励权利人参与刑事诉讼活动,并在全国推行侵犯知识产权刑事案件权利人诉讼权利义务告知制度,[④]由检察机关向权利人明确告知其所享有的诉讼权利。保障知识产权权利人实质参与刑事诉讼活动,一方面是保障权利人诉讼参与权的基本要求,另一方面也是高效、妥善处理刑事诉讼的重要手段,应在实践中广为提倡。

本案中,厦门市思明区人民检察院从权利人的主体性考虑,充分给予权利人意见表达权。厦门市思明区人民检察院通过查看企业开发日志,与企业总工程师交流、学习源代码底层逻辑,了解涉案源代码的开发形成

---

① 高艾泠、杨春华:《知识产权案件刑事自诉权的重构》,载《人民检察》2019年第14期。
② 张明楷:《法益初论》,中国政法大学出版社2003年版,第166页。
③ 林秀芹、陈俊凯:《知识产权刑事诉讼中权利人参与的制度检视及完善》,载《知识产权》2021年第11期。
④ 于潇、单鸽:《知识产权刑事案件权利人诉讼权利义务告知制度已全面推开》,https://www.spp.gov.cn/spp/zdgz/202203/t20220304_546916.shtml,最后访问时间:2024年11月2日。

过程,听取商业秘密逻辑、密点划分、秘密鉴定、被侵权种类、技术贡献率等核心问题的意见,结合非公知性鉴定和同一性鉴定,准确将被诉侵权产品的侵权比例提升认定为100%。同时,厦门市思明区人民检察院还在与被侵权企业沟通中发现,被侵权企业未控告的产品中也使用同样的源代码和底层逻辑,帮助被侵权企业追加认定损失金额。

三、主动运用认罪认罚从宽制度,积极化解矛盾

厦门市思明区人民检察院在本案中充分发挥主导作用,运用认罪认罚从宽制度,给予被告人改过自新的机会,最大限度地保证被告人的合法权利。被告人在获得有效法律帮助、知悉法律后果的前提下,自愿如实认罪、真诚悔罪认罚。厦门市思明区人民检察院适用该制度不仅与我国宽严相济的刑事政策相适应,也与我国严而不厉的罪刑结构改革需要相契合。

我国的认罪认罚从宽制度在宽严相济刑事政策的指导下,坚持罪责刑相适应原则,以事实清楚、证据充分为前提,在保证实体公正的基础上追求量刑从宽和程序从简。[1] 该制度从2016年开始试点,至2018年10月正式确立。根据最高人民法院的统计,2019年至2023年五年间,认罪认罚从宽案件适用率上升了44.2个百分点。[2] 该制度在优化司法资源配置、提升诉讼效率、有效惩治犯罪、促进罪犯改造、化解社会矛盾、减少社会对立等方面均彰显优势。

与此同时,承办检察官在办理本案过程中,通过耐心沟通和公正处理,赢得双方当事人及被告人家属的理解与信任,促成退赃退赔,取得被害人谅解;切实做到以公正司法解"法结",以释法说理解"心结",减少社会冲突。本案深入落实"人民检察为人民"的宗旨,达到政治、法律和社会效果的统一,是司法为民理念的生动实践。

---

[1] 潘照东:《权利本位语境下认罪认罚量刑从宽的路径优化》,载《郑州轻工业大学学报(社会科学版)》2024年第5期。

[2] 最高人民法院:《最高法副院长杨万明:适用认罪认罚从宽制度,推进轻罪审理现代化》,https://mp.weixin.qq.com/s/A154bg8748VF4O6_J7WqTg,最后访问时间:2024年11月8日。

四、建立案涉企业旁听机制，推动商业秘密保护诉源治理，为国家高新技术企业发展护航

离职员工引发的商业秘密案件极为普遍，也极易给企业造成重大损失。上海市第三中级人民法院、上海知识产权法院发布的2015—2023年商业秘密案件审判情况显示，"商业秘密民事案件中，因员工在工作期间掌握或者接触到权利人的商业秘密，离职后在同行业领域就业、创业时非法披露、使用或者允许他人使用商业秘密而引发的纠纷占比高达89.53％。商业秘密刑事案件均因人才流动而引发"。[1] 本案亦是离职员工引发的商业秘密案件，对提高社会公众对商业秘密的重视程度，预防此类事件再次发生具有重要意义。

对于商业秘密的保护，检察机关不仅要抓末端、治已病，更要抓前端、治未病。为进一步发挥检察护企职能，本案厦门市思明区人民检察院邀请被侵权企业组织重点岗位人员旁听庭审，以后端司法审判指引前端诉源治理，以案释法，零距离开展警示教育，强化高新技术企业内部核心岗位人员法律意识，为营造有利于知识产权蓬勃发展的营商环境贡献检察力量。

---

[1] 上海三中院：《上海三中院、上海知产法院共同召开新闻发布会通报商业秘密案件审判情况并发布典型案例》，https://mp.weixin.qq.com/s/jF-DZKlDh_M5UuU9Zq6qhQ，最后访问时间：2024年11月8日。

19.吴某某、石某某销售假冒注册商标的商品案[*]

【关键词】 销售假冒注册商标的商品罪;远程电子数据取证

【要　旨】 中医药是中华民族的瑰宝,是中华民族集体智慧的结晶,是中华民族传统文化的重要组成部分。党的二十大报告提出,要促进中医药传承创新发展。知识产权司法保护是中医药保护的重要方式。本案系典型的通过网络平台销售假药案件。检察机关通过全面引导侦查,强化智慧借助、数据治理,精准认定药品性质与涉案金额,有力震慑危害药品安全违法犯罪活动,心怀"国之大者",加大对中医药创新主体合法权益保护,进一步全面加强中医药知识产权司法保护工作,展现检察机关坚持人民至上、有力保障药品安全的鲜明态度和坚定决心,切实维护人民群众生命健康安全。

【基本案情】

2022年1月至2023年3月间,被告人吴某某为非法牟利,明知上家提供的是假冒漳州片仔癀和北京同仁堂注册商标的商品,仍低价向上家采购假冒注册商标的漳州片仔癀和北京同仁堂安宫牛黄丸产品,再进行网络销售。

2022年11月至2023年3月间,被告人石某某明知被告人吴某某销售的漳州片仔癀和北京同仁堂安宫牛黄丸产品系假冒注册商标的商品,

---

[*] 案件承办人、案例撰写人:林璐,系厦门市思明区人民检察院三级检察官;陈嘉莹,系厦门市思明区人民检察院检察官助理。本文评析人:董慧娟,系厦门大学知识产权研究院教授、博士生导师,法学博士。

仍帮助对接客户、通过网络发布广告。被告人石某某从2023年1月1日起,还帮助被告人吴某某向上家采购假冒产品、收取产品快递、向客户邮寄发货等。

现能查明,被告人吴某某销售假冒注册商标的漳州片仔癀共计人民币1240289元,违法所得共计人民币323989元;销售假冒注册商标的北京同仁堂安宫牛黄丸共计人民币1225260元,违法所得共计人民币257660元。被告人石某某协助销售假冒注册商标的漳州片仔癀共计人民币249000元;协助销售假冒注册商标的北京同仁堂安宫牛黄丸共计人民币379860元。被告人石某某违法所得共计人民币2280元。

2023年3月6日,被告人吴某某、石某某在广东省广州市天河区某公寓被民警抓获。抓获现场查获被告人吴某某为销售而购入的北京同仁堂安宫牛黄丸12粒、漳州片仔癀70粒,货值共计人民币39182元。同日,民警在河北省沧州市南皮县某小区菜鸟驿站查获被告人吴某某销售给客户的北京同仁堂安宫牛黄丸89粒、漳州片仔癀7粒。上述药品经厦门市食品药品质量检验研究院鉴定,由福建省药品监督管理局厦门药品稽查办公室出具药品认定意见书,均为假药。

【诉讼过程】

2022年12月8日,厦门市公安局集美分局对本案立案侦查。2023年6月9日,厦门市公安局集美分局以吴某某、石某某涉嫌销售假药罪、销售假冒注册商标的商品罪向厦门市思明区人民检察院移送审查起诉。2023年9月7日,厦门市思明区人民检察院以被告人吴某某、石某某涉嫌侵犯销售假冒注册商标的商品罪向厦门市思明区人民法院提起公诉。厦门市思明区人民法院经审理,认为公诉人指控的罪名成立,于2024年4月23日作出一审判决,判处主犯吴某某有期徒刑四年六个月,并处罚金人民币五十八万一千六百四十九元;判处从犯石某某有期徒刑一年二个月,并处罚金人民币一万元。同时追缴二人违法所得。一审宣判后,吴某某、石某某均未上诉,判决现已生效。

【检察履职情况】

一、强化多方协作配合,凝聚打击合力

一是深化侦查监督与协作配合,夯实证据体系。检警共同推进侦查取证和证据审查工作,对案件的重点和难点问题进行全面分析和研究,严把案件证据关、事实关。检察机关围绕药品检验、查明主观明知等4个方面,提出16条继续侦查建议,确保及时固定和收集证据,完善证据链条,夯实案件事实基础。二是专业化远程科技保护,明晰案件事实。如何准确认定违法销售金额,确保罪责刑相一致,是办理本案的难点之一。检察机关强化智慧借助、数据治理,着力突破知识产权案件取证、鉴定难题。对本案中出现的跨境购第三方网店网络售假问题,及时全面进行远程电子数据取证,及时固定原始客观证据,协同侦查机关与京东等大型电商平台形成打假合力。

二、严把案件审查质效,提升办案效能

一是借力科技院校检测,区分认定假药、劣药。借助厦门大学、厦门食品药品质量检验研究院、福建农林大学等科研院校的国家级科学实验室,实现涉知识产权类案件中的生物鉴定、化学鉴定严标准、高规格。通过薄层色谱法、气相色谱法等方法,结合《中国药典》执行标准,准确认定疑似药品的化学成分。二是细致审查证据材料,厘清销售数额。检察机关从数万条手机聊天记录、京东网店销售记录中,发现吴某某销售假药的实际金额存在遗漏后,自行逐一梳理出二被告人销售假药的次数、金额、对象、货物批号、进货来源等关键信息,并将调取到的转账记录、物流记录与之一一对应,结合相关同案犯供述等,确认有充足证据可证实的产品类别、销售数量及单价,核实二被告人的犯罪数额及违法所得情况,最终移送起诉认定的销售金额新增一百余万元。三是履行法律监督职责,提升办案质效。就移送审查起诉认定的犯罪金额不准确等问题,向公安机关制发《侦查活动监督通知书》,并获得公安机关采纳答复。

三、织密惩治犯罪法网,强化创新保护

一是精准把握案件定性。本案涉及多种中药类产品,属性繁多。被告人吴某某、石某某未经权利人许可,使用与漳州片仔癀等公司出产的药品相同的注册商标,与被假冒的注册商标在视觉上无差别,足以对公众产生误导,明知可能是假药而销售来源不明的片仔癀与安宫牛黄丸,被认定为假药。侦查机关以二被告人同时涉嫌销售假冒注册商标的商品罪和销售假药罪移送审查起诉。检察机关经审查认为,本案从实质来看仅有一行为,不宜人为机械切割成两部分进行定罪处罚,应从一重处,根据本案销售金额,认定为销售假冒注册商标的商品罪。二是加强打击犯罪力度。检察机关通过当庭讯问强化石某某对吴某某具体行为、地位作用的指认,举示微信聊天记录、转账记录截图、银行账户交易明细等相关证据,综合论证吴某某、石某某销售假冒注册商标的药品的客观行为与主观明知。二被告人均对指控事实供认不讳。三是贯彻宽严相济刑事政策。加强释法说理,充分运用认罪认罚从宽制度,结合地位作用、主观恶性、悔罪态度等各项情节,推动查明犯罪分工、犯罪成本及销售价格、违法所得分配等案件事实。在辩护人的见证下,二被告人均认可检察机关指控的全部犯罪事实和罪名,自愿签署认罪认罚具结书。经开庭审理,检察机关认定的犯罪事实及法律适用均获得法院判决支持,二被告人均被判处实刑。

【典型意义】

一、数据赋能,顺势乘"数"而上

案中检警协作配合,检测取证环境、哈希值分析对比、深挖数据痕迹,以同步录音录像、网页存证等多种存证模式,满足远程电子数据取证需求,破解司法办案中存在的企业电子数据取证周期长、程序多等难题,规范电子数据的收集、提取、传输、存储、鉴真,夯实后续证据使用基础。

二、审慎研判,实现点"智"成金

面对犯罪纵向精细切割与犯罪横向分工细化带来的审查困境,检察机关主动作为,自行补充侦查,着重强化电子数据专业化审查,在浩如烟海、内容繁杂、解析困难的电子数据中深挖违法犯罪线索,对虚实对应、物流收发、资金流确认等关键数据进行重点审查,从海量数据检索、多源数据碰撞、多维数据分析等方面,实现快速锁定、准确查找、细致梳理、精准应用。

三、源古流新,开好检察"处方"

检察机关深入贯彻党的二十大精神和习近平总书记关于维护药品安全、保障人民群众身体健康等一系列重要指示批示精神,依法能动履职,坚持以人民为中心,不断提升中医药知识产权司法保护水平,促进中医药传统知识保护与现代知识产权制度有效衔接,厚植中医药传承创新发展的法治土壤,推进中医药技术文化保护、传承、创新、发展,把维护药品安全、保障人民健康落到实处,为健康中国建设提供有力司法服务与保障。

【案例评析】

一、区分假药劣药,有效打击犯罪

假药和劣药在定义上是不同的,这些区别在案件的定性、刑事责任的认定上都有很明显的体现。第一,构成犯罪的标准不同。根据我国《刑法》第141条、第142条的规定,生产、销售假药属于刑法理论上的"危险犯",也就是说,对于生产销售假药的行为,不要求实际产生具体的危害结果就可以认定为犯罪。而劣药则不同,需要对人体健康造成严重危害方构成犯罪。第二,社会危害性不同,假药多数情况下是成分与国家标准不符或者是冒充的药品等,对人体的健康危害可能性更大,所以对假药的打击更加严厉,构成犯罪的标准也更低一些。

根据新修订的《中华人民共和国药品管理法》,假药和劣药的定义有所调整和明确。假药主要包括:所含成分与国家药品标准规定的成分不符的药品,以非药品冒充药品或者以他种药品冒充此种药品,以及变质的药品、所标明的适应症或者功能主治超出规定范围的药品。劣药包括:"(一)药品成分的含量不符合国家药品标准;(二)被污染的药品;(三)未标明或者更改有效期的药品;(四)未注明或者更改产品批号的药品;(五)超过有效期的药品;(六)擅自添加防腐剂、辅料的药品;(七)其他不符合药品标准的药品。"在新修订的法律中,劣药的界定更加注重药品的实际质量状况,而非仅仅是成分不符或冒充药品等情形。

新修订的《中华人民共和国药品管理法》在假药和劣药的定义上进行更为细致和具体的划分,使得假药、劣药概念更为清晰,相对更易认定,更符合执法实践,有助于打击和预防药品领域的违法犯罪行为,保障公众的用药安全和合法权益。

在本案中,检察机关对于涉案药品的性质做了严谨的认定。在判断涉案药物时,联合高校、研究院所、科学实验室等,综合采用薄层色谱法、气相色谱法等方法,准确鉴别认定涉案药品的性质,最终认定为假药。这一认定有非常关键的作用,一方面,能够更准确对犯罪行为定性、量刑,保障广大消费者的人身安全和健康权益。另一方面,打击假药也是对中医药行业自身的一种保护。假药的存在损害合法经营者的利益,破坏市场秩序,通过打击假药,可以保护合法经营者的合法权益,维护公平竞争的市场环境,促进中医药行业的健康发展,对传统中医药的源古流新起到了积极的作用。

二、运用新兴技术手段,远程电子数据取证

随着网络购物的疾速发展,各种网购纠纷也层出不穷。与传统的购物方式不同,网络购物的交易都是在线上进行,订单、交易记录等都已数字化,带来许多取证的难题。首先,电子数据很容易被删除或篡改,消费者所搜集的证据往往不是原始证据,降低证据的证明力。此外,取证过程复杂,需要具备专业的技术手段和设备,而这些通常掌握在第三方机构手中,增加取证的难度。为解决这些问题,2019年颁行的《公安机关办理刑事案件电子数据取证规则》(以下简称《电子数据取证规则》),2020年5月1日正式施行的《最高人民法院关于修改〈关于民事诉讼证据的若干规定〉的决定》(法释〔2019〕19号)就对电子证据进行了相关细化的规定。

《电子数据取证规则》以一般规则、收集与提取、移送与展示、审查与判断、附则共五个部分搭建起制度框架,集取证规则、审查规则、排除规则于一体。其中收集与提取侧重于电子数据的取证,规定提取对象、固定方式、取证措施、过程要求等,针对电子数据的证据特点,还规定在证据提取之后,需要将数据与待证事实建立联系的措施,因为提取的数据可能是庞杂的,真正与待证事实有联系只是部分,于是规定对非专门问题的可以通过电子数据检查、侦查实验等方式解决证明力问题,对专门性问题可以通

过检验、鉴定的方式解决证明力问题。① 在收集电子证据的过程中,真实性的判断也是一个非常重要的方面,应当综合各个方面的因素:第一,审查存储介质的真实性,避免被破坏或篡改。第二,审查电子数据本身的真实性,与审查介质相同,审查数据也包括数据来源的原始性和同一性,以及确保没有被更改或删减。第三,对电子数据内容的真实性审查,即审查电子数据所包含的信息是否真实,与案件的内容是否能形成印证。

本案在办案过程中,侦查机关与快递物流公司、贸易公司、电商平台等合作,调取快递物流记录、网点销售数据、账户交易明细等电子数据。在广泛搜集到相关电子数据基础上善用先进的技术手段,与司法鉴定中心合作,检测取证环境、哈希值分析对比、深挖数据痕迹,以同步录音录像、网页存证等多种存证模式,为案件的处理提供证据上的有力支持。

三、正确定性犯罪行为

根据我国《刑法》第213条的规定,假冒注册商标罪,是指违反国家商标管理法规,未经注册商标所有人许可,在同一种商品、服务上使用与其注册商标相同的商标,情节严重的行为。在本案中,行为人在明知上家提供的是假冒他人注册商标的商品的情况下,仍然向商家采购,并且进行网络销售,符合销售假冒注册商标的商品罪的构成要件。而如前所述,涉案药品经鉴定为假药,行为人的行为也同时构成销售假药罪。司法机关在对该行为进行定性的时候,需要考虑刑法理论中的"想象竞合"的问题。

想象竞合,也称为观念的竞合或想象的数罪,是指行为人基于一个犯罪意图,实施一个犯罪行为,同时触犯多个不同的罪名,侵犯多个犯罪客体的情况。这种犯罪形态的特点在于,虽然行为人只实施一个具体的犯罪行为,但在法律上却涉及多个不同的罪名。想象竞合犯的成立条件包括:第一,行为人实施一个犯罪行为;第二,该行为触犯多个不同的罪名;第三,这些罪名之间没有包含或吸收关系,即各罪名所保护的法益是相互独立的。在处理想象竞合的案件时,通常遵循"从一重处"的规则,即以处

---

① 奚玮:《我国电子数据证据制度的若干反思》,载《中国刑事法杂志》2020年第6期。

罚较重的罪名定性。这一处理方式主要是基于几个因素的考虑：首先，体现"禁止重复评价"原则，尽管一个行为触犯数个罪名，但其本质上只有一个危害行为，从一重处以一罪定性已经能够对该行为做出评价。其次，符合罪刑相适应这一刑法的基本原则，从一重罪论处，重于一罪、轻于数罪，与其触犯数罪名的严重性相匹配，旨在通过刑罚的适当运用，达到预防犯罪、保护社会的目的。

在我国刑法理论和实践中对于"从一重"含义和标准的理解意见是相当一致的，认为"从一重"是指应按照行为所处罚的数个罪名中最重罪名的法定刑定罪处罚。而当行为所触犯的数罪名的法定刑轻重完全相同时，应根据犯罪情节比较孰轻孰重，然后按照较重之罪适用刑罚。因此对法定刑的轻重比较便成为对"从一重"的正确理解的前提和关键。关于法定刑的轻重比较应以主刑的轻重为标准，主刑重时法定刑便重，主刑轻时，法定刑便轻。具体来看：(1)主刑的轻重比较。在我国死刑最重，无期徒刑次之，有期徒刑又次之，拘役更次之，管制最轻。(2)同种主刑的轻重比较。同种主刑的轻重应以法定最高刑上限的高低为准。(3)两种以上主刑轻重比较。[1]

在从一重罪的认定过程中，检察机关结合销售金额，根据我国《刑法》第214条对于销售明知是假冒注册商标的商品的规定，以及《最高人民法院、最高人民检察院关于办理侵犯知识产权刑事案件具体应用法律若干问题的解释》(法释〔2004〕19号)，认定行为人的犯罪数额已达到"数额巨大"，属于刑法中规定的"特别严重情节"，与第141条"销售假药罪"法定刑相对比，认为"销售假冒注册商标的商品罪"刑罚更重，因此以该罪定性，符合刑法的保护目的。

四、宽严相济，罪刑相适应

在对犯罪行为正确定性为"销售假冒注册商标的商品罪"之后，检察机关贯彻宽严相济的刑事司法政策，对行为人的具体犯罪情节以及主观

---

[1] 何荣功、黄丽：《论想象竞合犯的处罚原则及其适用》，载《武汉大学学报(哲学社会科学版)》2005年第3期。

恶性程度进行综合考量，提出相应的量刑建议。两名犯罪嫌疑人属共同犯罪，其中一名为主犯，在犯罪中起到主要的作用，另一名为从犯，主要负责帮助主犯对接客户、发布广告等。根据《中华人民共和国刑法》第二章第三节关于共同犯罪的规定，主犯应当按照其参与的或组织的全部犯罪处罚，而从犯应当从轻、减轻或免除处罚。在准确查明犯罪分工等具体犯罪事实的同时，检察机关还遵循《中华人民共和国刑事诉讼法》的有关规定，对于犯罪嫌疑人在到案后都能如实供述自己的罪行，同时认罪认罚并签字具结，再结合初犯、偶犯等情节，向人民法院提出从轻处罚的量刑建议。

我国现行的刑事司法政策是"宽严相济"，即要结合犯罪的具体情节作出罪刑相适应的判决结果。宽严相济的政策在构建社会主义和谐社会中发挥着重要作用，旨在严厉打击严重犯罪行为、震慑犯罪，保障个人利益和社会公共利益，同时又要兼顾人道关怀，对主观恶性较小、情节轻微的犯罪适当宽容处理，以教育和感化的方式改造犯罪行为人，减少社会矛盾，促进社会安定和谐发展。

20.蔡某甲等八人假冒注册商标、销售假冒注册商标的商品案[*]

【关键词】 护航台企;全链条打击;社会治理检察建议;假冒注册商标罪;销售假冒注册商标的商品罪

【要　旨】 厦门与金门一衣带水,隔海相望。厦门检察机关立足职能,秉承"两岸一家亲、闽台亲更亲"理念,充分发挥独特的地域人文优势和司法业务优势,主动听取受害台企意见,准确认定犯罪事实,依法追诉售假漏犯,实现对产、供、销全链条的精准打击,同时就办案中发现的行业乱象向厦门市酒类流通行业协会发出社会治理类检察建议,从"治罪"转向"治理",依法保障台商台企合法权益,以检察服务优化营商环境。

【基本案情】

"金门高粱酒"是中国台湾地区知名白酒品牌,在中国台湾地区市场占有率常年位居第一,深受两岸同胞喜爱,2010年曾获国家工商总局"中国驰名商标"认证。"八八坑道"是中国台湾地区知名白酒品牌,是中国台湾地区三大白酒品牌之一,2008年曾获世界烟酒评鉴机构金牌奖。

2021年1月,蔡某甲、郑某甲为牟取非法利益,未经商标注册权利人授权,共谋在福建省泉州市灌装生产假冒"金门高粱酒""八八坑道"等注册商标的白酒。蔡某甲负责购买灌装制假设备和原材料,并负责对外销售;郑某甲负责灌装生产假酒,并负责将生产的假酒通过自行驾车运输、

---

[*] 案件承办人:邱晨帆,系厦门市思明区人民检察院四级高级检察官;林翔,系厦门市思明区人民检察院检察官助理。案例撰写人:林翔。本文评析人:李晶,系厦门大学知识产权研究院助理教授、硕士生导师,法学博士。

物流寄递等方式交给购买假酒的客户。二人约定每箱假酒以200元至300元价格对外出售,每灌装生产、运输一箱假酒,郑某甲获取20元至30元的利润,其余利润归蔡某甲所有。蔡某乙、郑某乙分别系郑某甲的妻子和儿子,二人明知郑某甲生产灌装、运输假酒,仍然帮助其在制假窝点搬运原材料、操作设备灌装假酒,并帮助其运输假酒给购酒人员。仅2022年9月,蔡某甲、郑某甲等人便生产销售假冒"金门高粱酒""八八坑道"等注册商标的白酒2387箱,金额共计人民币559875元。

2021年1月,张某甲为牟取非法利益,以每箱200元至300元的价格向蔡某甲、郑某甲购买假酒,而后加价出售给金某林、彭某城等客户。2021年5月,曾某某为牟取非法利益,以每箱200元至300元的价格向蔡某甲、郑某甲购买假酒,而后加价出售给张某乙、郭某某等人。张某乙又进一步通过微信等途径加价销售假酒给揭某兰、李某清等客户。郭某某又进一步通过其在厦门市湖里区台湾街开设的台湾食品特产店加价销售假酒给洪某海、熊某升等游客。经统计,张某甲共销售假冒"金门高粱酒""八八坑道"注册商标的白酒共计人民币81819元,违法所得约4万元。曾某某共销售假冒"金门高粱酒""八八坑道"等注册商标的白酒共计人民币72370元,违法所得9540元。张某乙共销售假冒"金门高粱酒"注册商标的白酒共计人民币1057350元,违法所得约37万元。郭某某共销售假冒"金门高粱酒""八八坑道"注册商标的白酒共计人民币259634元,违法所得约12万元。

2022年10月,民警在厦门市、泉州市先后抓获蔡某甲、郑某甲等八人。从郑某甲生产假酒的窝点和仓库内缴获生产的假冒"金门高粱酒""八八坑道"注册商标的白酒成品1150箱和大量假酒半成品及制假设备和制假原材料,上述1150箱假酒价值288250元。从郑某乙驾驶货车上缴获生产的假冒"金门高粱酒""八八坑道"注册商标的白酒45箱,价值10120元。从曾某某处缴获尚未销售的假冒"金门高粱酒"注册商标的白酒5箱,价值1250元。从张某甲住处缴获尚未销售的假冒"金门高粱酒"注册商标的白酒36箱,价值14050元。从郭某某店内缴获尚未销售的假冒"金门高粱酒""八八坑道"注册商标的白酒186瓶,价值11583元。

20.蔡某甲等八人假冒注册商标、销售假冒注册商标的商品案

【诉讼过程】

2022年4月12日,公安机关对本案立案侦查。2022年12月7日,厦门市思明区人民检察院批准逮捕涉嫌假冒注册商标罪的蔡某甲、郑某甲、张某乙。2023年3月7日、2023年10月10日,公安机关先后将蔡某甲、郑某甲等8人移送厦门市思明区人民检察院起诉。2023年8月4日、2023年11月10日,厦门市思明区人民检察院先后对被告人蔡某甲等8人提起公诉。2023年9月5日、2023年11月22日,厦门市思明区人民法院先后作出一审判决,采纳检察机关全部起诉意见和量刑建议,以涉嫌假冒注册商标罪、销售假冒注册商标的商品罪判处被告人蔡某甲、郑某甲等8人有期徒刑一年六个月至三年八个月不等,并处罚金人民币二万元至三十七万元不等,8名被告人均未提出上诉,判决已生效。

【检察履职情况】

一、审查逮捕

2022年11月30日,厦门市公安局湖里分局(以下简称湖里分局)以蔡某甲、郑某甲、张某乙等3人涉嫌假冒注册商标罪、销售假冒注册商标的商品罪向厦门市思明区人民检察院提请逮捕。经审查,厦门市思明区人民检察院于2022年12月7日批准逮捕蔡某甲、郑某甲、张某乙,同时发出《继续侦查提纲》引导侦查,要求公安机关分类梳理扣押在案的一万多瓶假酒,准确认定犯罪事实,并进一步追查上下游同案犯。

二、审查起诉

2023年3月7日,湖里分局以蔡某甲、郑某甲等7人涉嫌假冒注册商标罪、销售假冒注册商标的商品罪向厦门市思明区人民检察院移送审查起诉。检察机关重点开展以下工作:一是引导权利人实质参与刑事诉讼,准确认定犯罪金额。受理案件后厦门市思明区人民检察院立即向被侵权企业寄送《知识产权刑事案件权利人诉讼权利义务告知书》,告知权利救济途径和诉讼进展情况。因本案扣押在案的假酒多达上万瓶,同种品牌但不同产品的价格差异巨大,为准确认定犯罪事实,检察机关主动邀请被侵权民营企业有关人员前往扣押仓库对涉案假酒进行逐一鉴别,经

过多日的梳理,被侵权民营企业提供本案涉及 40 多个细分产品的真伪对照图、价格等证明材料,为准确认定犯罪金额提供有力支撑。二是依法追诉漏犯。检察机关经过认真梳理各犯罪嫌疑人记载的手工账单,发现有 1 名已达刑事追诉标准的犯罪嫌疑人未移送起诉,经向公安机关发出《补充移送起诉通知书》,成功追诉 1 名售假漏犯。三是加强释法说理,敦促犯罪嫌疑人认罪认罚。厦门市思明区人民检察院在提出量刑建议时,充分考虑每个人的具体行为、作用大小、获利金额、社会危害性、认罪认罚等情节,建议对制假源头主要人员适用实刑,对认罪悔罪态度好、涉案金额较小的制假从犯和售假人员依法宽缓处理。经过释法说理,8 名犯罪嫌疑人均自愿认罪认罚。四是针对酒类行业乱象,发出社会治理类检察建议。检察机关在走访受害企业金门酒厂(厦门)贸易有限公司(被侵权白酒品牌"金门高粱酒"注册商标权利人)时获悉,厦门市部分酒厂、商铺模仿"金门高粱"品牌白酒的图案、瓶身外观,生产"台湾高粱酒"等名称白酒,通过实体店铺、网络平台在厦门市的中山路、火车站、曾厝垵旅游景区及外地进行销售,对金门酒厂(厦门)贸易有限公司注册商标权及商业信誉、市场份额造成严重侵害。涉案假冒注册商标的白酒在名称、包装、装潢上与金门酒厂(厦门)贸易有限公司产品"金门高粱酒"存在相同或近似,容易引起消费者混淆。根据上述情况,检察机关及时向厦门市酒类流通行业协会发出检察建议,建议其加强行业法律意识、规范行业经营活动、适时开展行业自查,推动厦门市酒类行业及时消弭隐患,有效降低行业违法风险。

三、提起公诉

2023 年 8 月 4 日、2023 年 11 月 10 日,检察机关以涉嫌假冒注册商标罪、销售假冒注册商标的商品罪对被告人蔡某甲等 8 人先后提起公诉。2023 年 9 月 5 日、2023 年 11 月 22 日,厦门市思明区人民法院先后作出一审判决,采纳检察机关起诉意见和量刑建议,以假冒注册商标罪、销售假冒注册商标的商品罪分别判处被告人蔡某甲、郑某甲等 8 人有期徒刑一年六个月至三年八个月不等,并处罚金人民币二万元至三十七万元不等,并对部分罪行较轻的被告人适用缓刑。8 名被告人均未提出上诉,判决已生效。

20.蔡某甲等八人假冒注册商标、销售假冒注册商标的商品案

【典型意义】

一、深挖上下游犯罪,实现全链条打击

侵犯商标权犯罪案件往往呈现犯罪环节多、犯罪链条长、组织分工细的特点,侵权商品的售价远低于市场价格,部分购买者知假买假,买卖"圈子"相对封闭,且在交易中多使用化名、现金交易,制假售假线索发现难、查处难,在办案中检察机关落实全链条打击侵犯知识产权犯罪工作要求,通过认真梳理各被告人记录的手工账单,成功追诉1名售假金额较大的漏犯,做到对侵犯知识产权犯罪行为应追尽追、全面惩治。

二、贯彻宽严相济刑事政策,实现分层分类处理

本案制假售假层级分明、分工明确,上下游链条涉案人数多,检察机关充分考虑各行为人的参与程度、犯罪行为、违法所得、认罪悔罪态度等因素,准确评价各行为人的罪行大小和应当承担的刑事责任。对制假团伙负责人、售假数量和金额较大的人员,依法从严惩处,建议适用实刑,并处以高额的罚金刑;对参与程度较低、作用较小、获利较少的人员认定为从犯,建议依法从宽处罚,部分适用缓刑。

三、从"治罪"转向"治理",以检察服务优化营商环境

检察机关在办案中发现,厦门市部分酒厂、商铺模仿"金门高粱酒"品牌白酒的图案、瓶身外观,生产"台湾高粱酒"等名称白酒,上述白酒在厦门市中山路、火车站、曾厝垵旅游景区等繁华商业场所及网络平台上大规模出售,多数为以次充好、以假充真,扰乱市场秩序,严重侵害金门酒厂的商业信誉、市场份额。但通过"蹭名牌"得到的一时热度,并非长久之计,对知名品牌商品"蹭流量""搭便车"的商标侵权及不正当竞争行为,如无法及时制止,相关侵权现象有可能会蔓延并升级,进一步发展为侵害他人注册商标的刑事犯罪行为。检察机关秉承堵塞社会治理、单位管理漏洞的履职定位,向厦门市酒类流通行业协会发出社会治理类检察建议,推进白酒行业"蹭名牌"的治理工作,有效堵塞厦门市白酒行业的漏洞,依法保障台商台企合法权益,以检察服务优化营商环境。

【案例评析】

在"蔡某甲等八人假冒注册商标、销售假冒注册商标的商品案"中,检察机关不仅全面落实对假冒注册商标犯罪行为的法律制裁,还通过创新的检察建议推动行业规范化治理。该案的处理在打击知识产权犯罪、规范市场秩序及优化营商环境等方面都具有典型意义,展现对假冒注册商标行为的坚决打击态度,同时体现刑事司法与社会治理的有机结合。

一、全链条追诉制、售假行为

在本案中,蔡某甲等人未经商标权利人授权,共谋灌装生产并销售假冒"金门高粱酒""八八坑道"注册商标的白酒,其行为构成假冒注册商标罪和销售假冒注册商标的商品罪。检察机关在案件侦查和起诉过程中,严格依据《中华人民共和国刑法》(以下简称《刑法》)第213条、第214条的规定,对假冒注册商标的制假和售假行为进行全面追诉,确保犯罪事实的准确认定。

(一)深入追查全链条侵权行为,全面覆盖制假、售假环节

假冒注册商标罪和销售假冒注册商标的商品罪的构成要件在于行为人未经授权而使用他人注册商标,并通过生产、销售假冒商品获取非法利益。本案中,蔡某甲等人自生产到销售的各个环节形成完整的犯罪链条,且非法获利数额巨大。检察机关通过详细梳理手工账单,追诉售假金额较大的漏犯,实现对全链条侵权行为的全覆盖式打击,既全面落实《刑法》对知识产权犯罪的打击力度,也体现刑事司法"应追尽追"的原则,为今后类似案件的处理提供重要的司法范式。

(二)精确认定违法所得与犯罪金额,价格鉴定确保量刑公正

在侵犯知识产权犯罪的定罪量刑中,准确认定违法所得数额和犯罪金额对于衡量犯罪情节的严重性至关重要。检察机关在本案中主动邀请被侵权企业进行价格鉴别,对涉案假酒进行逐一清点和鉴定,为犯罪金额的认定提供有力支撑。此举不仅确保证据的充分性和精准性,也展现检察机关在办理知识产权案件时与权利人密切协作的专业性。通过对非法经营金额和违法所得的精确计算,本案实现对被告人罪责的准确评价,确

保案件判决的公正性。

二、定罪量刑中的宽严相济

(一)精准区分主从犯责任,合理运用宽严相济政策

在本案中,检察机关在提出量刑建议时,充分考虑到各被告人的具体行为和作用大小,依法适用宽严相济的刑事政策。对蔡某甲、郑某甲等主要制假、售假人员,因其在犯罪链条中的关键作用及较高的非法获利,检察机关建议法院依法判处实刑,并处以高额罚金;而对于涉案金额较小、参与程度较低的从犯,则依据其认罪悔罪的态度建议从轻处罚,部分人员适用缓刑处理。该做法符合《刑法》中关于宽严相济刑事政策的原则要求,既对主要犯罪行为予以严厉打击,又兼顾从犯的实际情况,体现司法在实现公平正义中的灵活性。

(二)释法说理引导认罪悔改,准确适用认罪认罚从宽制度

认罪认罚从宽制度作为我国刑事诉讼中的重要原则,旨在激励被告人认罪悔过,并通过从宽处理实现社会和解。在本案中,检察机关通过充分的释法说理,使被告人认识到自身行为的社会危害性,从而自愿认罪认罚,配合司法程序的推进。这不仅提高案件处理的效率,也节省司法资源,有效降低被告人再犯的可能性。认罪认罚从宽制度的成功适用,为其他侵犯知识产权的刑事案件提供示范作用,体现法律的人性化关怀。

三、社会治理与知识产权保护的有效结合

(一)从"治罪"到"治理":运用检察建议推动白酒行业综合治理

本案中,检察机关不仅关注对违法行为的惩治,还通过发出检察建议,推动对白酒行业侵权乱象的治理。厦门市部分酒厂、商铺生产并销售与"金门高粱"品牌极为相似的"台湾高粱酒",扰乱市场秩序,损害正牌酒的市场份额和声誉。检察机关通过深入调查,针对这些市场乱象提出社会治理建议,从行业自律、法律意识提升等方面入手,推动酒类行业的规范化管理。这种做法既符合《最高人民检察院关于全面加强新时代知识产权检察工作的意见》中提出的"强化知识产权保护,推进综合治理"的精神,也反映司法与行政协同治理的现实需求。检察建议在知识产权保护

中的创新运用,为其他领域和行业的治理提供可复制、可推广的实践样本。

(二)司法护航台企合法权益,优化厦门台企营商环境

本案的办理突出检察机关在保护台商台企合法权益方面的积极作为。厦门市作为两岸交流的重要窗口,其在优化台企营商环境方面具有特殊的地位和意义。检察机关在办案过程中,充分倾听被侵权台企的意见,并将之纳入司法处理的考量因素。这种做法不仅促进台企对司法机关的信任感,也提升台企在大陆市场经营的安全感,彰显司法机关对两岸经济交流与合作的支持,进一步优化台企在厦门的营商环境。

本案通过对蔡某甲等八人制售假冒商标商品行为的严厉打击,以及对检察建议的合理适用,深刻诠释知识产权刑事司法保护中的法理与社会功能。在犯罪定性上,检察机关通过对假冒注册商标行为的明确区分,实现对行为属性的精准判断;在量刑适用上,贯彻宽严相济和认罪认罚从宽制度,使得刑罚个别化在知识产权案件中得到充分实现;在社会治理方面,通过检察建议的"治业"功能,推动行业自律和市场秩序的优化。该案的处理经验为今后办理类似知识产权案件提供宝贵的实践指导,为构建良好的营商环境和高效的知识产权保护机制提供有力支撑。